LA GPEC DANS UN CONTEXTE IMPRÉVISIBLE

Manager la GPEC en 25 questions/réponses

François STANKIEWICZ

LA GPEC DANS UN CONTEXTE IMPRÉVISIBLE

Manager la GPEC en 25 questions/réponses

EDITIONS LIAISONS

Une marque WOLTERS KLUWER FRANCE

1, rue Eugène-et-Armand-Peugeot – 92856 RUEIL-MALMAISON Cedex

Vous intéresse-t-il d'être tenu au courant des livres publiés par l'éditeur de cet ouvrage ?

Envoyez simplement votre carte de visite à :
Éditions Liaisons
CP 701
1 rue Eugène et Armand Peugeot – 92856 Rueil-Malmaison Cedex
ou connectez-vous à :
www.librairie-social-rh.fr

Éditions Liaisons

ISBN 978-2-8788-0814-8

DÉJÀ PARUS DANS LA MÊME COLLECTION

Le modèle de la compétence
Ph. Zarifian

Si la GRH était de la gestion
B. Galambaud

La systémique : penser et agir dans la complexité
G. Donnadieu et M. Karsky

Manager les connaissances
C. Beyou

Tests d'aptitude au management
M. Kalika et N. Cart

La relation sociale au quotidien : 50 situations à maîtriser
P. Gallois, T. Heurteaux et A. Werner

Classification – Qualification – Compétences
Ph. Denimal

Manager par les compétences
A. Cohen et A. Soulier

Plus qu'un manager, devenez un MENEUR
S. Bonnet et Ch. Mercier

Papy-boom et compétitivité
H. L'Hoste et S. Grevedon

Diriger une équipe : les clés du succès
P. Pastor et R. Bréard

Du courage d'être manager
G. Reyre

Maîtriser le coaching
J.-Y. Arrivé et I. Frings-Juton

Le DRH : partenaire stratégique
A. Meignant

Gestion RH des PME/PMI
M. Coiffard, A. Chevalier et W. Guillaume

Moderniser la gestion des hommes dans l'entreprise
Coordonné par M. Matmati et M. Le Berre

Gestion du changement
P. Pastor

Formaliser et piloter un réseau d'entreprise
F. Tournier

Compétences et stratégies d'entreprise
Ph. Zarifian

7 étapes pour rebondir après une crise
T. Jallon

Communication RH : Quelles réalités ?
S. Brignano

Chefs d'entreprise : anticipez et maîtrisez vos difficultés !
Coordonné par M. Nepomiastchy

Évaluation du personnel : pour une nouvelle approche
J.-P. Lapra

Le management à l'épreuve du papy-boom
P.-L. Chantereau

Le capital humain
A. Chamak et C. Fromage

Les clés de l'employabilité
R. Cayatte et G. Rodach

Management et TIC
Coordonnée par M. Kalika

L'abécédaire des managers et consultants
N. Humeau

Décider, oui mais comment ?
P. Pastor

Une vague à 12 temps
R. Cayatte et G. Rodach

Gestion des conflits (3e édition)
P. Pastor et R. Bréard

Le management des commerciaux en images
M. Delestre

Gestion de crise : mode d'emploi
H. Renaudin et A. Altemaire

L'anglais des managers (2e édition)
N. Humeau

L'imagination collective
B. Auchenthaler et P. D'Huy

Manager, facile ?
P. Pastor et R. Bréard

Être e-DRH
F. Silva

Réussir dans ses missions tranversales
F. Tournier et A. Sebillaud

GRH internationale
Coordonné par M.-F. Waxin et Ch. Barmeyer

La fonction formation en péril
S. Enlart et M. Bénaily

Les tableaux de bord ressources humaines
J.-Y. Le Louarn

Comportements et sécurité
L. Samson

Formation : les dispositifs en question
Sous la direction de S. Enlart

Les projets sociaux des entreprises
B. de Boisredon, P. Gallois, O. Herlin, Th. Heurteaux et A. Werner

Piloter les performances RH
Sous la direction de B. Martory

Dictionnaire des RH (4e édition)
Français/anglais - anglais/français
C. James et A. Tirard

Manager la formation (8e édition)
A. Meignant

Motiver (2e édition)
P. Pastor et R. Bréard

Pas de DRH sans SIRH
Bernard Just

Le management à géométrie variable
Arlette Sebillaud

Manager (presque) sans stress
Pascal Gallois

Le marketing en mode social
Régime Adamec, Nathalie Cabannes et Martine Landry

Tableaux de bord sociaux (2e édition)
Bernard Martory

sommaire

PARTIE 2 PREMIÈRE ÉTAPE DE LA GPEC : AUDITER LE PRÉSENT

PARTIE 3 DEUXIÈME ÉTAPE DE LA GPEC : EXPLORER LE FUTUR

PARTIE 4 TROISIÈME ÉTAPE DE LA GPEC : ACCOMPAGNER LES CHANGEMENTS

introduction

GPEC : UN SIGLE CONNU MAIS CONTESTÉ

Il y a des sigles connus, mais dont on ne se souvient plus très bien de quoi ils sont l'abréviation. Le sigle GPEC n'est pas de ceux-là : les spécialistes des ressources humaines savent que ces quatre lettres désignent la « gestion prévisionnelle des emplois et des compétences ».

Toutefois, bien que connu, le sigle GPEC est loin d'être unanimement reconnu. On pourrait même affirmer que la contestation est assez large au sens où elle englobe plusieurs aspects. En premier lieu, la désignation de l'*objet* de la gestion prévisionnelle (à savoir les emplois et les compétences), peut ne pas satisfaire. Certains y ajoutent les effectifs (d'où il résulte la GPEEC) et d'autres remplacent le tout par le terme englobant de « ressources humaines » (1).

Le qualificatif de gestion *prévisionnelle* est, lui aussi, mis en cause. Il arrive même que les critiques exagèrent en feignant de confondre prévision et extrapolation. Il est vrai que la démarche prévisionnelle peut, dans certains cas, privilégier une hypothèse de continuité selon laquelle le futur reproduira pour l'essentiel, les tendances du passé. Mais ceci n'est pas cosubstantiel à la prévision. Les modèles qu'elle utilise sont capables d'incorporer, comme le fait la prévision météo, des changements et même des ruptures climatiques. Quoi qu'il en soit, certains accordent leur préférence à la prospective, qui offre plus de possibilités et de souplesse que la prévision pour explorer le futur (2). Le terme de prospective a ainsi, dans certains cas, un sens faible et général de « réflexion sur le futur » en vue de promouvoir des changements souhaitables.

Cette substitution de la prospective à la prévision peut, elle-même, impacter l'objet qui devient la « prospective des métiers » (3). Elle incite aussi à remplacer gestion par stratégie pour échapper aux mésalliances : prospective stratégique (4), oui ; gestion prospective, non !

---

1) *Cf.* Gilbert P., *La gestion prévisionnelle des ressources humaines*, Collection Repères, Éditions La Découverte, 2006.

2) Voir Godet M. et Monti R., « Les pratiques de prospective en gestion des ressources humaines », *in Encyclopédie des ressources humaines*, 2e édition, Vuibert, 2006.

3) *Cf.* Boyer L. et Scouarnec A., *La prospective des métiers*, Éd. EMS, 2009.

4) Godet M., *Manuel de prospective stratégique*, 2e édition, Dunod, 2001.

Enfin, une dernière façon, subtile, de s'affranchir des limites du sigle GPEC est d'affirmer l'émergence d'une GPEC de seconde génération dont le contenu serait profondément renouvelé en raison, par exemple, du développement d'une gestion territoriale (au niveau d'un bassin d'emploi) des transitions professionnelles ou d'une activation des mobilités au sein de l'entreprise réseau (entre l'entreprise et ses sous-traitants...). D'autres « générations » de GPEC ne sont pas à exclure...

LA GPEC DANS UN CONTEXTE IMPRÉVISIBLE

On ne proposera pas ici de nouvelles appellations de la GPEC même si on se donne pour ambition d'en présenter une analyse renouvelée, du moins en ce qui concerne certains de ses aspects.

Le fait que l'article L. 2242-15 du Code du travail (issu de la loi de cohésion sociale de 2005) impose une obligation triennale de négocier sur « *la mise en place d'un dispositif de gestion prévisionnelle des emplois et des compétences* » plaide pour l'utilisation, telle quelle, de cette appellation devenue, du fait de la loi, un référent commun.

Pour autant, on ne perdra pas de vue qu'il s'agit là d'une désignation qui recouvre un ensemble hétérogène de pratiques. Cette diversité s'explique, en partie, par les environnements différents que doivent affronter les entreprises ainsi que par leurs caractéristiques propres, s'agissant de leur secteur d'activité, de leur taille et de leur position concurrentielle. Mais les différences observables en matière de GPEC viennent aussi de ce que des entreprises soumises aux mêmes contraintes ne font pas les mêmes choix en matière d'anticipation des évolutions et de prévention des conséquences des mutations économiques.

Il est vrai aussi que le même sigle GPEC désigne des contenus évolutifs dans le temps. Le caractère relativement récent de l'obligation légale de négocier sur la GPEC peut expliquer que la période actuelle soit faite de tâtonnements et d'expérimentations qui n'ont pas encore débouché sur des pratiques routinisées. Toutefois, semble-t-il, l'essentiel n'est pas là. La GPEC est évolutive parce que le capitalisme, lui-même, est un système évolutif comportant des changements pouvant être brutaux et majeurs ainsi qu'en témoigne la crise survenue en 2008. Les questions posées sont, dès lors, les suivantes : quelles sont les possibilités offertes par la GPEC dans le système actuel ? En quoi une démarche d'anticipation permet-elle d'améliorer le fonctionnement du marché interne du travail dont la régulation échoit au manager RH ?

La thèse (il est vrai paradoxale) qu'on trouvera en filigrane de l'ouvrage est la suivante : le futur demeure pour l'acteur, un « brouillard » que les lumières apportées par la prévision et/ou la prospective ne permettent pas de dissiper (même si elles sont susceptibles d'agir sur sa densité). En conséquence, la GPEC doit s'exercer dans un univers imprévisible.

Faut-il en conclure que le management des ressources humaines est, dans ces conditions, irrémédiablement condamné à s'inscrire dans un horizon temporel de court terme ? On ne le pense pas. On démontrera, au contraire, qu'il est possible, de différentes façons, de se préparer efficacement à des évolutions dont on ne connaît, par ailleurs, qu'imparfaitement la nature. Au total, la GPEC reste possible et, de plus, est souhaitable au regard de l'efficacité du fonctionnement du marché interne du travail.

PLAN DE L'OUVRAGE

On se propose de traiter ces différents aspects au travers des réponses à vingt-cinq questions, ventilées entre quatre parties.

Partie 1. Marché interne du travail et GPEC

Pourquoi entamer l'analyse par le marché interne du travail plutôt que par un historique et une définition de la GPEC ? Parce que le marché interne du travail, expression qui figure dans certains accords, est le domaine d'application de la GPEC. Il se peut même qu'une démarche d'anticipation y soit mise en œuvre sans qu'on en réfère à la GPEC : par exemple, si l'entreprise a mis en place une gestion de ses (hauts) potentiels. *A fortiori*, lorsque l'entreprise négocie un accord de GPEC, l'intention est de changer, peu ou prou, le fonctionnement du marché interne du travail. Cela justifie l'examen préalable de cette notion.

La GPEC sera donc vue comme moyen d'agir sur le marché interne du travail même si on ne la considérera pas toujours possible, ni toujours nécessaire. En revanche, là où cette pratique est possible et utile, il paraît judicieux de respecter trois grandes étapes.

Partie 2. Première étape de la GPEC : auditer le présent

Il est nécessaire d'auditer le présent (donc l'analyser et non seulement le décrire) pour tenter de répondre à la (vaste) question suivante : quelles sont aujourd'hui les situations qui posent problème et qu'il faut changer ? On voit bien que cet examen du présent oblige à se projeter d'emblée dans le futur, si ce n'est parce que les changements nécessaires prendront du temps : plusieurs années, voire plus d'une décennie...

Hélas, on ne doit pas s'attendre à ce que toutes les parties prenantes de la GPEC identifient pareillement les problèmes. Et si, d'aventure, tel est le cas, des désaccords quant aux solutions souhaitables sont vraisemblables...

Dans ces débats inévitables, l'instrumentation utilisée jouera un rôle. Les outils sont bien connus : répertoire des métiers, cartographie des emplois, référentiels de compétences... Toutefois, leur existence ne garantit ni leur adéquation aux caractéristiques spécifiques de l'entreprise, ni leur bon usage. Ces aspects-là doivent également être audités, d'autant plus que cette instrumentation guide l'exploration du futur.

Partie 3. Deuxième étape de la GPEC : explorer le futur

L'exploration du futur amène un lot supplémentaire de questions à traiter en fonction de la perception des évolutions de l'environnement et des orientations stratégiques privilégiées par l'entreprise. La branche contribue utilement à cette prospection et, au-delà, à cette *construction* de l'avenir.

Cette démarche prospective suscite un certain enthousiasme qui vient de ce que, en « refaisant le monde », on « réenchante le futur » [1]. Toutefois, on l'admet : il n'existe pas de « voyance scientifique » qui permettrait de connaître l'avenir. Ces limites de la prospective ne résident pas fondamentalement dans l'insuffisance de ses méthodes, même s'il faut se soucier de les améliorer. L'incertitude irréductible du futur s'explique plutôt par les caractéristiques mêmes de l'univers dont il s'agit de prévoir l'évolution. S'y ajoutent des logiques managériales, internes à l'entreprise, qui obligent à s'interroger : peut-on réellement partager la stratégie ?

Partie 4. Troisième étape de la GPEC : accompagner les changements

Si le futur demeure entaché d'incertitudes, est-il néanmoins possible d'accompagner efficacement les changements dont on peine, par ailleurs, à connaître le contenu ? On répondra par l'affirmative, en appuyant la démonstration sur l'opposition, bien connue, entre rationalité substantive et rationalité procédurale, proposée par Herbert Simon.

Ainsi, l'entreprise réalisera d'autant mieux les mutations nécessaires qu'elle aura construit, par anticipation, certains types de procédures. Celles-ci faciliteront son adaptation aux chocs qu'elle pourra éventuellement subir.

Bien évidemment, ces procédures ne seront pas construites *ex nihilo*. Elles auront, par exemple, à tenir compte des dispositifs institués du système de formation professionnelle continue (DIF, VAE, période de professionnalisation...). Mais il ne s'agit pas, pour autant, d'appliquer un système mais bien d'exploiter, au mieux, ses ressources compte tenu des besoins spécifiques de l'entreprise.

Bref, les procédures dont il est question sont bien l'expression de la main visible des managers RH, le résultat de leur créativité. *In fine*, elles poursuivent l'objectif d'améliorer, face à un futur flou, le fonctionnement du marché interne du travail.

Nous voilà donc ramenés à notre concept de départ... qui constitue précisément l'objet de la première question de l'ouvrage.

1) Added E. et Raffard W. (dir.), *Réenchanter le futur par la prospective RH*, Pearson Village Mondial, 2009.

Partie 1

MARCHÉ INTERNE DU TRAVAIL ET GPEC

1. Qu'est-ce que le marché interne du travail ?

LE MARCHÉ INTERNE DU TRAVAIL COMME ENSEMBLE DE COUPLES EMPLOI/SALARIÉ

Au premier abord, l'entreprise nous apparaît comme un ensemble structuré et hiérarchisé d'emplois, occupés par des salariés déterminés... même si certains emplois sont (provisoirement) vacants.

Cette représentation de l'entreprise comme ensemble de couples [emploi (*job*)/ salarié (*worker*)] n'est pas la seule possible. D'autres paradigmes peuvent être utilisés : l'entreprise est, par exemple, conceptualisée comme un ensemble de projets ou encore comme un ensemble articulé de processus. Dans ces deux cas, la dimension individuelle (le couple emploi/salarié) est supplantée par une dimension plus collective. Toutefois, cet intérêt porté à la dimension collective, dans le cadre d'un management par projets ou par processus, n'implique pas nécessairement que le niveau individuel (la contribution du salarié au projet ou son rôle dans le processus) cesse d'être pertinent. Pour cette raison, la représentation de l'entreprise comme ensemble hiérarchisé de couples [emploi/salarié] conserve une portée générale. Elle nous servira ici de référentiel principal.

L'expression « marché interne du travail » apparaît dans certains accords de GPEC. Celui-ci est le domaine d'action du manager RH qui doit veiller à son bon fonctionnement. Plus précisément, il y a, au moins, deux raisons qui justifient de qualifier ce marché du travail d'interne.

L'IMPORTANCE DES TRANSACTIONS INTERNES À L'ENTREPRISE

Une première raison de parler de marché interne est l'importance des transactions internes à l'entreprise (en matière d'emplois et de compétences) même si cet aspect n'est pas, d'emblée, le plus apparent.

La notion de marché du travail ou de marché de l'emploi évoque, en effet, prioritairement la confrontation des offres d'emplois (postes vacants proposés par les entreprises) et des demandes d'emplois (émanant des personnes à la recherche d'un emploi, extérieures à l'entreprise). Cette face externe du marché du travail est la plus visible :

annonces dans la presse et offres d'emploi affichées par les *job boards*, agences publiques (Pôle Emploi) ou privées de placement...

Cette face externe du marché du travail ne doit pas masquer l'importance des transactions internes, concernant l'emploi, qui se réalisent au sein même de l'entreprise. Une partie de ces transactions passe totalement inaperçue. En effet, dans le cadre des contrats de travail conclus pour une durée indéterminée, la transaction est renouvelée, jour après jour, tant que l'une des deux parties ne décide pas de rompre. Ces transactions ne sont pas visibles en raison du caractère implicite du renouvellement du contrat de travail.

Ensuite, il existe aussi des transactions internes moins cachées que les précédentes quoique moins visibles que les transactions externes : il s'agit, par exemple, des offres d'emplois destinées prioritairement, voire réservées aux *insiders*, c'est-à-dire aux seuls salariés de l'entreprise. Ainsi, il est possible que l'essentiel des recrutements de l'entreprise s'effectue au travers de la bourse interne de l'emploi (*cf. infra*, 3) plutôt que par appel au marché externe.

La première raison de parler du marché interne du travail tient donc à l'importance relative des transactions internes par rapport à celles externes. Le poids des mobilités internes est, en effet, toujours significatif, voire essentiel, ainsi que l'attestent les enquêtes statistiques de l'Apec, de l'Insee et de la Dares (ministère du Travail). Il y a aussi une autre raison de parler de marché interne du travail : celui-ci est construit par l'entreprise elle-même.

CHAQUE ENTREPRISE CONSTRUIT SON MARCHÉ INTERNE DU TRAVAIL

Le marché interne du travail est organisé par l'entreprise elle-même qui en est, tout à la fois, l'architecte et l'opérateur.

Le pouvoir d'administrer en interne les ressources humaines

Dans le cas du marché du travail, on peut considérer que chaque entreprise gère son propre marché du travail **au sens où elle définit un ensemble de règles et de procédures qui s'appliqueront aux postes et aux salariés qui relèvent de son périmètre**. Bien évidemment, les politiques conçues par l'entreprise en matière de rémunération et de mobilité ne font pas abstraction de la situation macroéconomique (plein emploi ou chômage massif) ni de la législation sociale en vigueur. Dans le cas d'une firme multinationale, ce marché interne est nécessairement segmenté en raison de la diversité des systèmes juridiques et des cultures.

Pour autant, les entreprises (d'une certaine taille) disposent d'une indépendance et d'une autonomie relatives pour organiser et administrer, en interne, leur marché du travail. Cette vision est celle de la littérature académique développée dans le prolongement des travaux de Peter Doëringer et Michael Piore, deux économistes institutionnalistes américains [1].

Dans cette perspective, le marché macroéconomique du travail apparaît, en fin de compte, comme un ensemble interdépendant de différents marchés internes, ayant entre eux des rapports de concurrence plus ou moins intenses, chaque marché interne du travail étant le résultat de la « main visible » de l'entreprise [2] qui le structure et l'administre.

Un pouvoir plus ou moins bien exercé : la qualité inégale de la GRH

Le marché interne du travail, comme ensemble hiérarchisé d'emplois (dont l'organigramme fournit une visualisation), est l'aboutissement de décisions du management. Mais ces décisions prises par l'entreprise sont, ici et là, de qualité inégale. La mise en forme du marché interne du travail, au travers de la conception de sa structure et de l'élaboration de ses procédures (en matière de rémunération, de mobilité ou de formation...), résulte, en effet, d'une multitude de choix et d'arbitrages. Il faut tracer le périmètre de l'organisation (*cf.* la problématique *make or buy* pour décider de ce qui sera ou pas externalisé) ; définir les différents niveaux hiérarchiques, ce qu'on appelle la division verticale du travail ; décider du contenu, plus ou moins large, des différents emplois : faut-il opter pour une forte spécialisation ou, à l'opposé, favoriser la polyvalence ? En d'autres termes, que choisir en matière de division horizontale du travail ? Il est, en outre, nécessaire de définir les règles de mobilité au sein de l'entreprise et d'élaborer les procédures en matière de formation...

Les réponses apportées à toutes ces questions (qui détermineront la structure et le fonctionnement du marché interne du travail) seront plus ou moins satisfaisantes selon les entreprises et auront une influence sur leur avantage compétitif. Toutefois, une structure, fût-elle optimale, ne le reste pas définitivement. Cette structure, le contenu des emplois et les compétences des salariés ne restent pas inchangés ; ils évoluent constamment sous l'influence de différentes variables.

1) Voir leur ouvrage : *Internal Labor Market and Manpower Analysis*, Heath, Lexington Books, 1971.

2) Pour emprunter à Alfred Chandler qui voit dans l'organisation des firmes la « main visible » des managers (*cf.* son ouvrage : *The Visible Hand. The Managerial Revolution in American Business*). Cette expression est utilisée en opposition à celle de « main invisible » invoquée par Adam Smith pour vanter les vertus du marché.

2. Pourquoi le marché interne du travail évolue-t-il ?

On pourrait aussi formuler cette question de la façon suivante : pour quelles raisons l'entreprise propose-t-elle aux salariés des offres d'évolution ?

LE COUPLE EMPLOI/SALARIÉ EST ÉVOLUTIF

Dans le cadre d'une représentation de l'entreprise comme ensemble structuré d'emplois, le management des ressources humaines a pour objectif logique d'améliorer la qualité de *l'appariement* (*matching*) des salariés aux emplois. En d'autres termes, il s'agit de faire en sorte que les différents couples emploi/salarié soient les mieux assortis possibles ou encore que l'adéquation profil/poste soit la meilleure possible.

Il reste qu'un couple idéalement assorti ne restera pas optimal éternellement. La raison profonde en est que des changements vont, au fil du temps, affecter l'emploi et/ou le salarié qui l'occupe. Pour le dire autrement : **l'emploi et le salarié ont une vie, en partie indépendante**. Par exemple, l'emploi peut mourir (disparaître) mais pas le salarié. L'inverse est aussi possible : le salarié peut changer (par exemple, ses capacités peuvent s'altérer avec l'âge) alors que l'emploi et ses exigences restent strictement identiques.

Plus généralement, cette absence de synchronisme entre la vie de l'emploi et celle du salarié est à l'origine des offres d'évolution proposées par l'entreprise. Celles-ci ont fondamentalement une double origine possible : changement de l'emploi occupé et/ou du salarié qui l'occupe.

DES OFFRES D'ÉVOLUTION PARCE QUE LES EMPLOIS CHANGENT

Les offres d'évolution proposées aux salariés par l'entreprise peuvent avoir pour origine le mouvement ou la rotation des emplois (*job turnover*). Il peut s'agir d'une variation purement quantitative des emplois exigeant un transfert des effectifs, des emplois dont le volume se réduit vers ceux qui sont en développement. Le changement des emplois est également qualitatif au sens où leur contenu s'en trouve modifié. Ce changement est radical (de nouveaux métiers voient le jour et d'autres disparaissent) ou limité (le contenu des emplois change partiellement, exigeant, de la part des salariés, la maîtrise de nouvelles compétences).

Ces évolutions quantitatives et qualitatives des emplois résultent de causes diverses. On cite traditionnellement les innovations techniques, les innovations de produits, la transformation des marchés (clients et concurrents), les changements organisationnels et les opérations de fusion-acquisition ou de cession... Le point ici important est que le manager RH n'a guère de prise sur ces variables qui lui apparaissent fondamentalement comme exogènes. Pour l'essentiel, on lui demande de gérer les conséquences que ces changements impliquent quant à l'évolution des salariés. Même ainsi cantonné, le rôle du manager RH est important car, comme on le verra, une même évolution des emplois est compatible avec de multiples scénarios d'évolution des salariés. La contribution du manager RH à la GPEC réside précisément dans sa capacité à explorer ces scénarios et à les optimiser (*cf. infra*, 9).

DES OFFRES D'ÉVOLUTION MÊME SI LES EMPLOIS NE CHANGENT PAS

Cet aspect est moins souvent souligné. En effet, l'évolution des salariés peut également être nécessaire dans une organisation dont le volume et le contenu des emplois resteraient strictement inchangés. Plusieurs éléments peuvent jouer.

- En premier lieu, le *turnover* dit naturel (départs en retraite, décès, démissions) libère des emplois qu'il faut nécessairement pourvoir pour que l'entreprise continue à fonctionner. Or, à un même *turnover* correspondent plusieurs schémas de mobilité possibles, mêlant, à des degrés divers, recrutements externes et internes. La gestion du *turnover* naturel peut, dès lors, conduire l'entreprise à proposer des offres d'évolution à certains de ses *insiders*.
- En second lieu, les aptitudes des salariés sont susceptibles de se modifier avec l'âge et justifier l'affectation à des postes plus en adéquation avec leurs capacités. Bien évidemment, la production d'inaptitudes [1] et d'handicaps sera fonction de la politique, préventive et/ou curative, menée par l'entreprise.

Par ailleurs, au-delà d'une certaine durée d'occupation d'un même poste, l'efficacité du salarié peut décroître parce que l'exercice des mêmes activités finit par secréter ennui, lassitude et perte de motivation. Dans ces conditions, l'évolution vers d'autres fonctions est l'un des moyens de doper l'incitation au travail.

Enfin, la mobilité, décrétée obligatoire selon une périodicité définie, est le moyen de lutter contre les « baronnies » ou les « forteresses » produites par l'occupation prolongée d'un même poste et le contrôle qu'elle permet de la situation de travail.

1) Un guide sur l'inaptitude professionnelle, présenté sous la forme des questions-réponses les plus utiles en la matière, est disponible sur le site : www.drtefp-paysdelaloire.travail.gouv.fr

Dans ces différents cas de figure, c'est l'évolution (quantitative et qualitative) des salariés, et non celle des emplois, qui est la cause première des offres d'évolution proposées par l'entreprise.

COMMENT DÉCRIRE LES MOUVEMENTS DU PERSONNEL ?

Une identité basique

Pour décrire les mouvements du personnel (qui portent la trace des offres d'évolution), on peut utiliser l'identité basique suivante, selon laquelle l'effectif d'arrivée ou de fin de période (disons $E_{31/12}$) est, par définition, égal à l'effectif de départ ou de début de période (disons $E_{1/1}$) dont on soustrait les sorties (observées au cours de la période comprise entre les dates 1/1 et 31/12) et auquel on ajoute les entrées dans l'entreprise (ou, si on préfère, les recrutements externes). On a donc :

$$E_{31/12} \equiv E_{1/1} - \text{sorties} + \text{entrées}$$

Il suit que l'effectif de l'entreprise considérée augmente si les entrées dépassent les sorties et qu'il baisse lorsque ces dernières l'emportent sur les entrées. Un effectif constant implique des entrées et des sorties équivalentes. Par ailleurs, on notera qu'un effectif stable n'est nullement incompatible avec des mouvements de personnel quantitativement élevés.

Déglobaliser les sorties et les entrées

Il est utile de connaître plus précisément les entrées et les sorties en les ventilant selon différents critères. Par exemple, on répartira les sorties selon qu'il s'agit de départs en retraite, de licenciements (pour motif personnel ou pour cause économique), de départs volontaires, de démissions, de ruptures à l'amiable, de fin d'emplois temporaires... De même, on répartira les entrées selon les recrutements en CDI ou en CDD. On pourra également les analyser selon la catégorie socioprofessionnelle, l'unité d'appartenance ou la spécialité de l'emploi (c'est-à-dire par famille de métiers)...

Il est, en outre, possible de calculer des taux d'entrée et de sortie en rapportant les entrées ou les sorties d'une nature donnée à l'effectif moyen de la période annuelle [(1)].

Comment ont évolué les présents-présents ?

Les présents-présents sont les personnes présentes aux deux dates de début et de fin d'exercice ou, par approximation, les personnels continûment présents au cours de la

1) En revanche, le taux de rotation du personnel, obtenu en faisant la moyenne des taux d'entrée et de sortie, peut être d'une interprétation délicate dans la mesure où il subit l'influence de l'évolution structurelle de l'effectif. Voir F. Stankiewicz avec la collaboration de F. Geuze, *Manager RH. Des concepts pour agir*, Éd. de Boeck, collection Business School, 2e édition, 2010 (tableau 4 du chapitre 3).

période comprise entre les dates 1er janvier et 31 décembre. On en évalue le nombre de diverses façons, par exemple :

$$\text{Présents-présents} = \text{effectif de départ } (E_{1/1}) - \text{sorties}$$
$$\text{ou} = \text{effectif d'arrivée } (E_{31/12}) - \text{entrées}$$

Il se révèle utile de connaître les évolutions concernant cette population particulière, c'est-à-dire l'importance relative des présents-présents ayant évolué et la nature de leur évolution : au sein de la même fonction (métier) ou pas, du même service ou du même établissement, avec ou sans promotion, etc.

Des enquêtes périodiques sur les mobilités (internes et externes) sont réalisées par l'Apec (concernant les cadres), par la Dares ou encore par l'Insee. Elles fournissent des éléments de confrontation qui aident à positionner la situation de telle ou telle entreprise particulière.

3. Comment faire du marché interne du travail un espace de mobilité ?

Le marché interne du travail doit être aménagé comme un espace de mobilité au sein duquel peuvent circuler des salariés. Cet aspect correspond aux besoins de changement et d'adaptation des entreprises en même temps qu'il satisfait certaines attentes des salariés qui sont sensibles, au-delà des avantages immédiats en termes de rémunérations et de conditions de travail, aux possibilités d'évolution que leur offre, à terme l'entreprise. Le manager RH a en charge cette gestion des mobilités.

Pour aménager l'entreprise en un espace de mobilité, il lui faut construire des routes (des parcours), définir les règles de circulation sur celles-ci (temps minimum, voire aussi maximum pour parcourir les étapes) et, aussi, régler des problèmes de trafic, certaines routes pouvant être très encombrées (« blocage des carrières ») et d'autres désertes. Il faut, dans ce dernier cas, susciter des demandes de mobilité de la part des salariés. En pratique, l'aménagement du marché interne du travail en un espace de mobilité sera plus ou moins réussi selon les entreprises. On examine ici **trois exigences majeures** de cette mission qui incombe au manager RH. Toutefois, l'hétérogénéité des mobilités exclut une démarche monolithique : en pratique, il est souhaitable que la gestion des mobilités soit plurielle.

CONSTRUIRE DES PARCOURS ET DÉFINIR DES RÈGLES

Le manager RH doit, en premier lieu, définir des trajectoires que les salariés pourront emprunter à certaines conditions. Les finalités qui donnent cohérence aux trajectoires constructibles sont fondamentalement de deux types : il s'agit de permettre aux salariés soit de développer leur expertise technique, soit d'accéder à des fonctions managériales, ces évolutions se combinant ou pas à des mobilités géographiques.

Développer son expertise technique

Le développement de l'expertise peut se réaliser par l'occupation successive d'emplois de plus en plus difficiles, correspondant à une autonomie et à des responsabilités croissantes. Il prend également la forme d'un élargissement horizontal des compétences dans le cadre de la polyvalence. Il incombe au manager RH de structurer ces filières professionnelles, de préciser la durée (minimale et/ou maximale) pour en parcourir les différentes étapes ainsi que les conditions à remplir pour les franchir (formalisation des procédures de sélection).

Accéder à des fonctions managériales

La progression le long de la division verticale du travail aboutit, à partir d'un certain niveau, à des emplois où les compétences managériales deviennent essentielles qu'il s'agisse de diriger une équipe, un service ou un atelier, une agence ou une filiale, un établissement, une entreprise ou un groupe. La sélectivité est à la mesure du taux d'encadrement, c'est-à-dire généralement forte et, par ailleurs, renforcée par la tendance à l'aplatissement des organigrammes. Lorsque l'entreprise se compose de plusieurs unités, des évolutions supplémentaires sont possibles dans le cadre des mobilités géographiques qui sont, en pratique, associées à une augmentation de l'expertise ou des responsabilités managériales. Leur gestion oblige à prendre en compte des aspects spécifiques supplémentaires si celles-ci sont internationales.

Un troisième type de parcours

À ces deux schémas classiques de la mobilité professionnelle et/ou géographique, il faut ajouter un troisième type de parcours possible : le changement de métier (par opposition à l'accumulation de compétences au sein d'une même filière professionnelle ou d'un même métier). L'entreprise offrira d'autant plus ce type d'évolution que les coûts de reconversion entre les deux métiers considérés ne seront pas prohibitifs (ce qui dépend, entre autres, de l'importance du tronc commun de compétences) ou qu'ils pourront être externalisés dans le cadre du système institutionnel de formation en vigueur (par exemple, dans le cadre du CIF, *cf. infra*, 23). À cet égard, la cartographie des passerelles entre métiers (*cf. infra* 11) vise à identifier les trajectoires économiquement praticables.

Nonobstant un coût de reconversion important, l'entreprise pourra offrir aux salariés d'une catégorie, la possibilité de changer de métier ou de passer à une catégorie supérieure (par exemple, de la catégorie Ouvrier à la catégorie TAM). L'objectif recherché sera, fondamentalement, de nature symbolique. Cette passerelle ne sera, en pratique, utilisée que par un nombre limité de personnes. Mais son existence sera le moyen de donner espoir aux salariés les plus ambitieux ou, si l'on préfère, de combattre le sentiment qu'ils pourraient avoir d'être enfermés, sans possibilité de sortie, dans une situation professionnelle donnée.

Il faut, toutefois, bien distinguer les offres d'évolution vers d'autres métiers faites par l'entreprise *ex ante* et les trajectoires observées *ex post*. On constate que nombre de salariés ont évolué vers d'autres métiers, d'autres fonctions ou d'autres domaines. Mais ces reconversions internes, qui ne relèvent pas des cheminements classiques proposés dans le cadre de la gestion des carrières, ont été, à un moment donné, le moyen de limiter les licenciements économiques face aux restructurations nécessaires.

RENDRE VISIBLE AU SALARIÉ LE POTENTIEL D'ÉVOLUTION

Pour que les salariés soient en mesure de formuler leur demande d'évolution, il est préalablement nécessaire qu'ils aient une vision suffisante des possibilités d'évolutions offertes par l'entreprise. Il faut donc leur fournir un **guide des métiers** ou organiser un **forum des métiers** qui leur permettent de s'orienter. Cette visibilité est nécessaire au bon fonctionnement de la bourse interne de l'emploi. Ce dispositif s'est généralisé dans les grandes entreprises privées. Il existe aussi dans la fonction publique : une bourse interministérielle de l'emploi public (BIEP) y a été créée en 2008 dans le but de faciliter la mobilité des fonctionnaires [1].

La construction d'une bourse interne de l'emploi suppose de définir des règles concernant les points suivants :

- la définition du périmètre (qui peut, dans certains cas, englober l'ensemble des sites d'un groupe) ;
- les modalités de description, d'information et de publication des postes disponibles. La liste des emplois disponibles est, parfois, tout simplement jointe au bulletin de salaire ! ;
- l'acte de candidature : conditions de recevabilité, délai, composition du dossier, modalités de dépôt, éventuels publics prioritaires et possibilités éventuelles d'une autoévaluation... ;
- les procédures d'examen des candidatures, délai et modalités de réponse ;
- les garanties et avantages accordés aux candidats retenus : primes à la mobilité, garanties en termes de rémunération ou de statut, aides concernant la mobilité géographique (déménagement, logement, scolarité des enfants, emploi du conjoint)... ;
- l'accompagnement concernant la formation et l'intégration dans le nouveau poste ;
- l'éventuelle clause de retour...

CONNAÎTRE LES DEMANDES D'ÉVOLUTION DES SALARIÉS

La visibilité des possibilités d'évolution est la condition nécessaire pour permettre au salarié de formuler des souhaits de mobilité. Pour l'aider à construire son projet d'évolution, l'entreprise peut lui apporter une aide multiforme :

- donner au salarié la possibilité d'exprimer ses attentes et ses intérêts à l'occasion d'entretiens professionnels périodiques ;
- aider le salarié à faire le point et à évaluer ses compétences : bilan de compétences, entretien de seconde partie de carrière, bilan d'étape professionnel (*cf. infra*, 23) ;

1) Voir <www.biep.gouv.fr>

– permettre au salarié de bénéficier de conseils : outre la contribution, en la matière, des managers opérationnels, l'entreprise peut mettre à la disposition des salariés des conseillers carrières, des responsables mobilité, des référents métiers... intervenant dans le cadre de structures permanentes dédiées à la gestion des évolutions professionnelles.

LA GESTION PLURIELLE DES MOBILITÉS

Les logiques inductrices de mobilité sont, comme on l'a vu, de différents types : développement de l'expertise, accès à des fonctions managériales, changement de métier s'accompagnant ou pas de mobilité géographique. La demande de mobilité des salariés est elle-même diverse, influencée par la catégorie socioprofessionnelle et par la situation familiale et elle évolue avec l'âge.

Cette hétérogénéité qui résulte tout à la fois de la variété des besoins de l'entreprise et des caractéristiques singulières des salariés n'est guère compatible avec une gestion des mobilités guidée par quelques principes basiques, simples et uniformes. En la matière, des pratiques différenciées paraissent plus adaptées qu'une démarche monolithique. Cela est vrai pour les discours sur la mobilité mais aussi pour d'autres aspects.

Quelle politique de communication sur la mobilité ?

Quelle image doit-on donner de la mobilité ? Faut-il la présenter comme un épisode normal et récurrent de la vie professionnelle et, partant, affirmer son caractère impératif ? Ou bien, faut-il, au contraire, envoyer aux salariés des messages plus tempérés ?

La réponse à ces questions est plutôt triviale : le discours est à moduler selon les réalités vécues par l'entreprise qui sont différentes selon les familles de métiers ou les catégories de personnel. Ainsi, l'entreprise doit « vendre » la mobilité aux salariés là où les changements techniques et organisationnels impactent fortement le contenu, la durée de vie et la localisation des emplois et là où le développement de l'expertise n'est pas réservé à une élite mais constitue la trajectoire obligée pour une grande partie du personnel. Mais cette situation n'a pas nécessairement un caractère général...

Le recours à des clauses de mobilité : quel pouvoir contraignant ?

La possibilité existe pour l'entreprise de faire figurer dans le contrat de travail une clause de mobilité dont l'acceptation par le salarié constituera la condition *sine qua non* de son recrutement. Les choses ne sont, toutefois, pas aussi simples :

– la mobilité est possible même en l'absence de clause de mobilité. Ainsi, l'entreprise peut proposer une mobilité géographique à son salarié dès lors que le lieu de travail n'est pas expressément mentionné dans le contrat de travail. Dans ce cas, le lieu de

travail n'est pas un élément constitutif du contrat de travail dont le changement supposerait l'accord du salarié ;
- certaines clauses de mobilité sont réputées nulles au regard du Droit. Ainsi en est-il d'une clause aux termes de laquelle le salarié accepterait par avance sa mutation dans une autre société du groupe ou de l'UES (Unité économique et sociale). La raison en est que le salarié ne peut pas accepter, par avance, un changement d'employeur (y compris au sein d'un même groupe), puisque celui-ci constitue une modification du contrat de travail (cf. arrêt de la chambre sociale de la Cour de cassation du 23 septembre 2009, n° 07-44-200) ;
- enfin, les juges peuvent contrôler la mise en œuvre d'une clause de mobilité et l'invalider s'il leur semble qu'elle nuit à la vie personnelle et familiale du salarié (arrêts de la chambre sociale de la Cour de cassation du 14 octobre 2008 et du 13 janvier 2009).

Mobilité : quel est le bon rythme ?

Une trop longue durée d'occupation d'un emploi peut avoir, comme on l'a vu, des effets négatifs sur la motivation du salarié. Mais une durée trop courte s'accompagne pareillement d'effets contre-productifs : elle ne permet pas d'amortir le coût d'entrée (formation d'intégration), elle entrave la montée en compétences et le développement de l'expérience, elle compromet le suivi dans le temps des actions engagées (d'où désorganisation et/ou déresponsabilisation) ou encore, elle prive les clients de repères parce que leurs interlocuteurs changent constamment, etc.

Bref, il doit y avoir une durée optimale d'occupation d'un emploi qui ne soit ni trop longue ni trop courte. La difficulté est que cette durée optimale n'est pas la même ici et là. Elle dépend des caractéristiques de l'emploi mais aussi de la situation personnelle et de l'âge du salarié qui l'occupe...

L'attitude la plus efficace est d'admettre que la « vitesse de circulation » n'est pas uniforme : elle doit, au contraire, être différenciée selon les parcours et les « voyageurs ». Cette démarche souple n'est, en rien, laxiste dès lors que l'entreprise se donne les moyens de détecter les dysfonctionnements liés à la gestion des mobilités : par exemple, le stress produit par un rythme accéléré des changements... Il ne faut pas non plus se laisser abuser par des effets de nomenclature : chacun sait que des évolutions peuvent exister au sein de ce qui est repéré, par la nomenclature, comme constituant un même emploi. Le salarié qui s'adaptera à ces changements sera, paradoxalement, mobile au sein de son emploi. Cette face cachée de la mobilité ne doit pas être ignorée.

Gestion des mobilités : un ensemble de dispositifs divers

Finalement, la complexité des situations plaide pour une gestion plurielle des mobilités. En pratique, la politique de mobilité, lorsqu'elle existe, prend la forme d'un ensemble de dispositifs divers.

Une pluralité de dispositifs

Certains dispositifs visent à gérer ce qu'on pourrait appeler, les mobilités usuelles (courantes, habituelles ou ordinaires...), liées au *turnover* naturel (départs en retraite et démissions) ainsi qu'à la croissance éventuelle de l'organisation. Des postes se libèrent et/ou se créent : il faut les pourvoir. Ces situations sont communes à la très grande majorité des entreprises bien que l'importance des flux soit très différente ici et là. Le degré de formalisation ou de codification des pratiques de mobilité peut également être inégal.

À ces dispositifs standards s'en ajoutent d'autres, impulsés, entre autres, par une démarche d'anticipation. Ils concernent, par exemple, la gestion des mobilités liées aux emplois menacés (dits sensibles) ou celle induite par un projet collectif de restructuration. Ils seront examinés ultérieurement.

Des finalités et des contenus différents

Ces différents dispositifs n'ont pas les mêmes finalités. On ne sera donc pas surpris qu'ils n'aient pas le même contenu ni ne reposent sur les mêmes critères. Par exemple, l'initiative de l'entreprise et celle du salarié n'auront pas, ici et là, le même rôle et donc, pour reprendre une opposition connue (bien que discutable, *cf. infra*, 25), l'importance respective des mobilités choisies et des mobilités subies n'y sera sans doute pas la même.

Quoi qu'il en soit, il y a un point commun à tous ces dispositifs : la nécessaire confrontation des offres et des demandes d'évolution. Comme on va le voir, des arbitrages sont nécessaires, qui peuvent susciter tensions et réactions...

4. Comment organiser la confrontation des offres et des demandes d'évolution ?

L'ABSENCE DE CONVERGENCE : CHOIX SÉLECTIFS ET GESTION DES FRUSTRATIONS

Sélection et organisation pyramidale : en statique et en dynamique

Il n'est pas possible de postuler l'existence *a priori* d'une convergence entre les offres et les demandes d'évolution même si on accepte l'idée que la mobilité comporte, pour l'entreprise et pour le salarié, des avantages mutuels. Il existe des situations où les candidats (en interne) sont moins nombreux que les postes offerts, mais c'est plutôt l'inverse qui prévaut. La sélection est la règle pour l'accès aux fonctions managériales ainsi que pour le développement vertical de l'expertise (au-delà d'un certain niveau de professionnalité). L'offre de mobilités verticales a été, ainsi, réduite là où on a raccourci les lignes hiérarchiques pour rendre l'organisation plus réactive. Le développement horizontal des compétences est, lui aussi, contingenté puisqu'il suffit qu'une partie des salariés soient polyvalents pour absorber, de façon satisfaisante, les fluctuations de la demande et les aléas de l'offre de production (tels que l'absentéisme).

D'une certaine façon, cette nécessité de la sélection ne surprend pas dans le cadre d'une organisation ayant une structure pyramidale. En fait, ce qui est évident en statique peut se révéler faux en dynamique compte tenu des besoins de développement d'une organisation en croissance ainsi que de la variabilité temporelle des besoins de remplacement. Il faut souligner que c'est l'effet conjugué de ces deux variables qui importe et non l'impact de la seule pyramide des âges. Ainsi une pyramide en forme de « champignon » ne suffit pas forcément à générer des offres d'évolution si l'entreprise est en déclin. À l'inverse, une pyramide des âges, fût-elle en forme de « poire écrasée », n'est pas incompatible avec un potentiel élevé de promotions et une sélectivité faible si l'entreprise connaît une très forte croissance.

4. Comment organiser la confrontation des offres et des demandes d'évolution ?

Augmenter, si nécessaire, les offres d'évolution

Au total, le manager RH est confronté à des situations très diverses. Il peut bénéficier, dans certains cas, d'une configuration faste où les possibilités de promotion, et plus généralement d'évolution, sont abondantes. Cette situation permet d'accroître la satisfaction des « *insiders* ». À l'inverse, lorsque la sélection est forte, le manager RH doit veiller à gérer, de différentes façons, les déceptions. On évoque ici trois possibilités :

- allonger la trajectoire par l'introduction de coefficients supplémentaires ;
- pallier l'absence de promotion par la valorisation de l'ancienneté. L'amortissement des coûts du *turnover* ainsi que l'expérience accumulée sur le terrain peuvent justifier cette volonté de fidéliser les « piliers » ;
- utiliser la démarche compétence comme moyen d'accroître l'offre d'évolutions : celle-ci donne, en effet, au salarié, la possibilité de progresser (en augmentant son portefeuille de compétences) sans avoir à attendre que des postes se libèrent au niveau supérieur (*cf. infra*, 14).

Plus généralement, la diminution de l'offre de mobilités peut conduire l'entreprise à élargir la bande de l'emploi (*broadbanding*), c'est-à-dire à étendre les possibilités d'évolution au sein de ce qui est considéré comme un même emploi. Quoi qu'il en soit, la confrontation des offres et des demandes d'évolution oblige à des arbitrages. On examine, ci-après, deux pratiques s'inscrivant dans des horizons temporels différents : le court terme pour la revue du personnel, le moyen voire le long terme pour ce qu'on appelle la gestion des (hauts) potentiels.

LA REVUE DU PERSONNEL À COURT TERME

Les objectifs

La revue du personnel (traduction de *people review*) a pour objectif de prendre les décisions de recrutements internes, les meilleures possibles. Ces comités de carrière ou ces commissions d'évaluation associent la fonction RH et les managers hiérarchiques (de niveau n, voire n+1) concernés par les populations passées en revue.

Il s'agit d'évaluer la performance dans le poste actuel mais également le potentiel d'évolution des salariés. Des outils informatiques qui exploitent les informations consignées dans le fichier personnel et collectées lors des divers entretiens périodiques, peuvent être utilisés comme aide à la décision. On peut également recourir à des tests tels que l'*assessment center* pour évaluer les capacités managériales, notamment lorsque la réussite dans le poste occupé n'en constitue pas un bon prédicteur.

La construction d'une typologie

La revue du personnel conduit les évaluateurs à répartir le personnel en différentes catégories, sur la base d'une typologie, plus ou moins détaillée, élaborée par l'entreprise.

La typologie la plus simple consiste à croiser la performance dans le poste actuel avec le potentiel d'évolution. En utilisant une échelle binaire (fort/faible), on génère quatre catégories.

Les salariés jugés non performants, en décalage avec leur poste, se verront proposer ou pas d'autres affectations selon que leur potentiel d'évolution sera jugé fort (*sleeping beauties* qu'on cherchera à réveiller) ou faible. Les salariés performants mais non évolutifs (par rapport au poste de destination considéré), encore appelés piliers, pourront être l'objet d'une politique de stabilisation, notamment s'ils sont porteurs de compétences longues à acquérir. Enfin, les salariés performants et jugés évolutifs pourront se voir proposer des mobilités ascendantes en fonction des opportunités existantes dans l'entreprise. Cette politique sera d'autant plus volontariste que le risque de départ ou de débauchage est important. On cherchera ainsi à détecter les personnes à l'affût des opportunités extérieures (*ready to move*) et, si cela est souhaitable, à les convaincre, de différentes façons, de rester dans l'entreprise (*able to go, happy to stay*).

En pratique, les typologies construites par l'entreprise sont plus complexes, parce que l'échelle d'évaluation n'est pas binaire mais, au minimum, ternaire (faible/moyen/fort). Toutefois, le point qui paraît, ici, le plus important est de devoir juger tout à la fois la performance dans le poste actuel et les possibilités d'évolution vers d'autres emplois pour prendre les bonnes décisions.

Le risque de sélection contraire

Le fonctionnement du comité de carrières devra prévenir le risque de sélection contraire *(adverse selection)* qui tient à la volonté du manager de proximité de conserver dans son équipe les meilleurs et de se débarrasser des salariés qu'il juge les moins efficaces[1]. Cette politique d'optimisation locale (au niveau de l'équipe) peut aboutir, au niveau de l'entreprise, à une sélection contraire si les meilleurs finissent pas quitter l'entreprise, faute d'avoir bénéficié de promotions. Le caractère collégial de la procédure participe à réduire un tel risque : porter un jugement sur une personne dans le cadre du comité de carrière introduit des exigences qui n'existent pas dans l'intimité d'un face-à-face, entre le salarié et son supérieur hiérarchique.

Le fait que le fonctionnement de la bourse interne de l'emploi permette au salarié de ne pas informer de sa candidature son manager opérationnel (ni le responsable RH dans le cas d'une mobilité intersites) contribue également à réduire le risque de sélection contraire.

1) Le risque de sélection contraire joue également, en dynamique, lorsque le manager opérationnel, bénéficiaire d'une mobilité, cherche à emmener avec lui certains de ses équipiers.

4. Comment organiser la confrontation des offres et des demandes d'évolution ?

PLANS DE SUCCESSION ET GESTION DES POTENTIELS À MOYEN ET LONG TERME

Prévoir la succession

Tous les salariés sont « mortels » (ils peuvent quitter l'entreprise, quoique de différentes façons) mais ils sont considérés plus ou moins irremplaçables... à court terme. L'objectif est, dès lors, de prévoir et de préparer, en interne, le remplacement des salariés en poste, du moins ceux qui occupent les niveaux les plus élevés. Cette démarche est systématisée au travers de l'élaboration de plans de succession (*succession planning*) qui concernent, en pratique, les cadres dirigeants et une partie, plus ou moins large, des cadres supérieurs. Il s'agit donc de repérer les trous organisationnels et d'économiser de possibles frais de chasse de têtes.

Identifier et développer le potentiel

Une telle démarche est nécessairement prévisionnelle puisqu'elle suppose non seulement d'identifier les hauts potentiels mais également de les former à l'occupation de responsabilités élevées, ce qui exige du temps. Le processus s'apparente, par certains aspects, à la transformation de jeunes espoirs en champions. La préparation consiste en formations spécifiques (sur le *leadership* ou la gestion des conflits). Mais s'agissant de futurs dirigeants, il sera opportun de leur faire parcourir un itinéraire qui leur permettra de découvrir différentes fonctions, unités et cultures, ainsi que de construire leur réseau relationnel : ces connaissances-là ne sont pas moins importantes que les autres...

Communiquer... de façon prudente

La communication, en la matière, doit être prudente. En effet, l'identification d'un potentiel est source d'erreurs. Le temps qui passe apporte des informations supplémentaires qui confirment ou infirment les choix initiaux. La communication doit être adaptée à cette situation évolutive. Il faut veiller à ne pas démotiver ceux qui n'appartiennent pas à la liste des élus et, par ailleurs, encourager ceux qui sont considérés comme de hauts potentiels, sans leur donner de certitudes absolues [1].

Des biais de sélection sont possibles

Les considérations précédentes sont susceptibles de donner à penser que les dirigeants sont sélectionnés sur la base du seul critère d'excellence. La réalité est plus complexe. Certains héritent, par naissance, de la fonction et d'autres bénéficient des

1) Toutefois, la position de la Cnil, compte tenu de la législation en vigueur, est que les données concernant le potentiel doivent être communiquées au salarié, s'il le demande, dès lors que ces données ont servi à prendre une décision à son égard. Le salarié peut, dans ce cas, également demander une copie du document comportant ces données d'évaluation ainsi que la signification des codes ou des valeurs qui lui sont appliqués.

avantages liés au processus de reproduction sociale. Enfin, dans certains types d'organisations, les dirigeants sont choisis davantage pour leur caractère accommodant ou partisan que pour leurs capacités managériales et leur dynamisme. Les dirigeants de niveau N-1 peuvent, en effet, trouver avantage à ce que le dirigeant en chef soit une personnalité effacée qui n'est pas animée par une trop grande volonté de changement... Encore faut-il qu'ils influent sur sa désignation.

LE PROCESSUS DE GESTION DES ÉVOLUTIONS EST-IL ÉVALUÉ ?

Les règles et les procédures de gestion des carrières ou, plus généralement, de gestion des évolutions, mises en œuvre par l'entreprise s'avèrent plus ou moins satisfaisantes. Sans procéder systématiquement à un audit d'efficacité en bonne et due forme, il est nécessaire de disposer d'un minimum d'informations sur les points suivants (l'évaluation pouvant être différenciée selon les dispositifs spécifiques existants).

Quelle est l'efficacité du processus ?

L'analyse des *outputs* et des *inputs* du processus amène à se poser les questions suivantes :

- Quelles sont la quantité et la qualité des décisions d'évolution ? Observe-t-on des échecs ? Quelles sont leurs caractéristiques ? Quelles sont les causes ?
- Quelle est l'importance des moyens humains et matériels dédiés ?
- L'entreprise utilise-t-elle des outils ? Quelles sont leurs fonctionnalités ?

Comment les salariés jugent-ils le processus ?

- Estiment-ils connaître les parcours existants ?
- Estiment-ils avoir la possibilité de discuter de leur carrière ?
- Sont-ils satisfaits de leur évolution ? Certains salariés s'estiment-ils bloqués ?
- L'insatisfaction se concentre-t-elle sur certaines tranches d'âge (générations) ? Certaines fonctions ou certains emplois ? Est-elle relative à certaines étapes de la carrière ?
- L'insatisfaction induit-elle des comportements contreproductifs (désengagement ou démission) ?

On ne doit pas s'attendre à ce que cette évaluation de la gestion des carrières soit spontanément réalisée par ceux-là mêmes qui ont en charge le processus de confrontation des offres et des demandes d'évolution. Leur tendance naturelle sera, au contraire, de minimiser l'importance des dysfonctionnements et des erreurs qui résultent de leurs décisions. La démarche d'évaluation doit donc être impulsée et réalisée par une instance externe (qui peut néanmoins prendre la forme d'un audit interne).

5. Une démarche d'anticipation améliore-t-elle le fonctionnement du marché interne du travail ?

ANTICIPER POUR DISPOSER DU TEMPS NÉCESSAIRE AUX ADAPTATIONS

L'argument est simple : les adaptations aux évolutions nécessaires du marché Interne du travail exigent du temps. Or, en anticipant ces évolutions, on disposera de temps pour réaliser les adaptations dans de meilleures conditions, à moindre coût et de façon plus efficace. Voici plusieurs exemples typiques :

- la pyramide des âges, en forme de champignon suggère que les départs à la retraite, au cours des prochaines années, seront importants. Prévoir ces départs, selon les métiers concernés, permet d'anticiper et d'organiser la transmission des compétences clés dont certaines peuvent être longues à acquérir [1]. Ne pas anticiper ces départs, c'est au contraire, risquer des dysfonctionnements coûteux (tels que la déperdition des savoirs) ;
- l'entreprise est en forte croissance et recrutera massivement dans les années à venir. Or, il est admis qu'une prévision des recrutements futurs afin de les étaler dans le temps, contribue à améliorer la qualité des choix et l'intégration des nouvelles recrues ;
- des innovations de procédés et/ou de produits devraient profondément transformer le processus de production et les compétences requises des salariés. Il est utile d'anticiper ce changement des métiers car il exige de recourir à des formations lourdes de plusieurs mois.

Ajoutons à l'argument du temps d'adaptation nécessaire, que disposer d'un schéma de référence à moyen terme permet de prendre des décisions à court terme plus cohérentes. En d'autres termes, avoir anticipé une situation cible favorise, au jour le jour, des choix plus adaptés qui auront pour effet de réduire les coûts liés aux évolutions

1) Tel est le cas des architectes avions, si l'on en croit Airbus. Ces compétences se construisent sur des parcours de longue durée. D'où la nécessité, 15 ans auparavant, de détecter les potentiels pour définir une gestion des carrières qui les prépare à circuler d'un service à l'autre et les former (*Dépêche AEF*, n° 97285, du 26 juin 2008).

nécessaires. Par exemple, si on prévoit le déclin d'un métier ou l'externalisation d'une activité, on ne procèdera pas au renouvellement des départs en retraite par l'embauche de salariés en CDI (qu'il faudra ensuite reconvertir ou licencier). On choisira d'autres moyens comportant moins d'irréversibilités.

Finalement, tenter d'anticiper le futur plutôt que de cheminer au jour le jour comporte deux avantages : se donner du temps pour procéder aux adaptations nécessaires et guider le choix des trajectoires d'évolution les plus efficaces. Dans les deux cas, l'impact sur les coûts de cheminement est bénéfique.

LES ADMINISTRATIONS, ELLES AUSSI, DOIVENT ANTICIPER

Les administrations sont, au même titre que les entreprises privées, concernées par l'anticipation des mutations et par l'accompagnement des changements. Il y a, à cela, plusieurs raisons.

En premier lieu, bien qu'elles n'aient ni actionnaires, ni clients, les administrations n'échappent pas à l'exigence de rationalisation liée à l'impossibilité macroéconomique d'augmenter la dotation budgétaire, nonobstant la pression de la demande sociale en matière d'éducation, de santé ou de sécurité... Cette préoccupation, améliorer le ratio coût/efficacité de la dépense publique, exige des changements organisationnels et une restructuration des services qui imposent des mobilités professionnelles et/ou géographiques.

Plus fondamentalement, les administrations, à l'instar des entreprises, sont confrontées aux changements technologiques (les NTIC), aux évolutions du droit, aux modifications de la demande sociale et des attentes des usagers... Elles n'échappent pas non plus aux problèmes posés par le choc démographique... On attend ainsi des administrations qu'elles se modernisent et soient capables d'offrir aux citoyens des prestations satisfaisantes au regard du coût, de la qualité et du délai. Là aussi, on n'imagine pas que ces changements puissent être menés à bien sans démarche d'anticipation et sans accompagnement des mobilités.

En pratique, on observe que des pratiques de GPEC ont été engagées dans les trois Fonctions publiques : d'État, territoriale et hospitalière. Elles doivent tenir compte des contraintes spécifiques imposées par le statut et la sécurité de l'emploi. En même temps, elles incitent à *réformer* certains aspects de la fonction publique concernant, par exemple, la gestion des corps et les règles de mobilité, l'accès à la formation et la reconnaissance des compétences, l'organisation et le contenu des concours de recrutement... Bref, la GPEC impulse, en retour, certaines évolutions du statut de la fonction publique.

ANTICIPER N'EST PAS TOUJOURS NÉCESSAIRE

L'anticipation du futur perd de son intérêt s'il est démontré que l'adaptation aux évolutions nécessaires du marché interne du travail peut être quasi-instantanée sans qu'il en résulte, par ailleurs, de surcoûts ou des coûts d'opportunité. On comprend alors que la démarche d'anticipation ne concerne qu'une partie des emplois ou des salariés, en lien avec les compétences les plus critiques.

La démarche prévisionnelle perd aussi de son intérêt dans les systèmes économiques où les salariés n'ont guère de droits et où l'entreprise n'a guère de devoirs. Dans ces systèmes où n'existent ni droit du travail ni responsabilité sociale de l'entreprise, le recours pur et simple aux licenciements comme moyen d'ajustement apparaît comme une solution bien plus économique et rentable qu'une démarche de GPEC qui crée, pour l'entreprise, des obligations et des engagements.

ANTICIPER POUR PRÉVENIR LES LICENCIEMENTS ÉCONOMIQUES ?

L'argument de l'effet préventif des licenciements

La démarche d'anticipation est parfois créditée d'un effet préventif : parce qu'elle est prévisionnelle, la gestion des emplois permettrait de prévenir les licenciements dont les effets négatifs sur la santé et la mortalité, l'équilibre psychologique et la cohésion familiale... sont admis et statistiquement confirmés.

L'argument préventif d'une gestion prévisionnelle des emplois a émergé dans le contexte de crise des années 70 : la réduction de moitié de la croissance du PIB s'est accompagnée de restructurations, de licenciements et d'une progression exceptionnelle du chômage, en fort contraste avec le plein emploi des années 60. L'idée qu'une démarche prévisionnelle permette de réduire les licenciements économiques collectifs « à chaud », en gérant les restructurations « à froid », est suggérée par la littérature [(1)]. Le terme de sureffectif apparaît dans le courant des années 80 (à l'occasion de la restructuration du groupe Creusot-Loire). Bref, de façon générale, l'avantage d'une démarche d'anticipation pour les salariés serait de leur laisser le choix de leurs mobilités professionnelles et/ou géographiques plutôt que de subir des licenciements économiques.

1) Voir, par exemple, l'ouvrage, à grand succès, de Dominique Thierry, *La gestion prévisionnelle et préventive des emplois et des compétences*, L'Harmattan, 1990.

Des interrogations sur le caractère préventif de la GPEC

Cet argument continue à être invoqué mais il est assorti de quelques nuances apportées par l'expérience historique. En premier lieu, il est (conceptuellement) admis que la GPEC ne peut pas être l'antidote des licenciements, parce qu'elle ne permet pas, à elle seule, d'éviter la disparition d'une entreprise non rentable.

En second lieu, il est également apparent que les mobilités professionnelles et/ou géographiques qui s'opèrent dans le cadre de la GPEC sont plus ou moins volontaires. En d'autres termes, elles ne sont pas nécessairement exemptes de contraintes et peuvent avoir un caractère forcé pour le salarié dont l'emploi disparaît. Par exemple, certaines mobilités consistent en reconversions externes (auxquelles s'opposent, par principe, certains syndicats) ou encore ne comportent pas des garanties jugées suffisantes pour les salariés menacés, comparées à celles offertes dans le cadre du PSE (plan de sauvegarde de l'emploi). Ainsi, paradoxalement, certains syndicats préfèrent la négociation « à chaud » et restent sensibles à l'attrait du « chèque-valise » (1)...

Cette question des rapports entre GPEC et PSE est très présente (*cf. infra*, 6). Mais le débat a aussi un ancrage plus général, à travers le thème de la flexicurité : puisque les restructurations et les mobilités ont un caractère inévitable, l'objectif est d'aménager les transitions professionnelles, pour permettre aux salariés de changer plus facilement d'emploi, d'entreprise et/ou de lieu de travail. Il s'agit donc, non pas de supprimer les licenciements, mais de rendre les sorties de l'entreprise moins traumatisantes et même d'éviter que les salariés ne passent par le chômage en cas de rupture de la relation d'emploi. C'est, pour l'heure, une perspective... même s'il existe quelques réalisations en ce sens.

1) Dans ce sens, la déclaration suivante d'un syndicat qui n'a pas signé l'accord de GPEC de l'entreprise : « *Avec le PSE, les postes en difficulté sont identifiés, les indemnités sont dues, les IRP conservent leur rôle intact* »... alors que « *la GPEC n'a pas protégé l'emploi* » qui a diminué de 20 % en 3 ans. *Cf. Entreprise & Carrières*, n° 848, 13-19 mars 2007, p. 21.

6. GPEC : que dit le droit ?

La question de la GPEC ne date pas de 2005. L'ANI du 10 février 1969 et la loi de la même année (sur la sécurité de l'emploi) montrent, par exemple, que cette préoccupation n'est pas récente. Toutefois, la loi dite de programmation pour la cohésion sociale de 2005 introduit, pour certaines entreprises, de nouvelles obligations, reprises par le Code du travail. Bien qu'essentielle, cette référence n'est pas la seule : on présentera également l'ANI du 14 novembre 2008, entièrement consacré à la GPEC.

LA LOI DITE DE PROGRAMMATION POUR LA COHÉSION SOCIALE DU 18 JANVIER 2005

Cette loi (dite aussi loi Borloo) comporte plusieurs dispositions concernant les licenciements collectifs (convention de reclassement personnalisé [art. 74] et obligation de revitalisation des bassins d'emploi [art. 76]). Les dispositions concernant la GPEC sont indiquées dans l'article 72. Celui-ci institue, pour certaines entreprises, une obligation de négocier sur la GPEC et donne également la possibilité de conclure des accords de méthode (enrichis par rapport à ceux introduits à titre expérimental par la loi Fillon de 2003). On examine successivement ces deux aspects qui étaient contigus dans l'ancienne codification du Code du travail (art. L. 320-2 et art. L. 320-3). Ils apparaissent dorénavant dans deux chapitres distincts.

L'obligation triennale de négocier sur la GPEC

Cette obligation, traitée dans le chapitre consacré à *la négociation obligatoire en entreprise*, est explicitée dans les articles L. 2242-15 à L. 2242-19.

L'article L. 2242-15 stipule que l'employeur engage, tous les trois ans, une négociation portant sur :

- les modalités d'information et de consultation du comité d'entreprise sur la stratégie de l'entreprise ainsi que ses effets prévisibles sur l'emploi et sur les salaires en complément de celles qui existent déjà [1] ;
- la mise en place d'un dispositif de gestion prévisionnelle des emplois et des compétences, sur laquelle le comité d'entreprise est informé, ainsi que sur les mesures d'accompagnement susceptibles de lui être associées, en particulier en matière de formation, de validation des acquis de l'expérience, de bilan de compétences ainsi que d'accompagnement de la mobilité professionnelle et géographique des salariés.

Cette obligation de négocier s'impose aux entreprises d'au moins 300 salariés et aux entreprises de dimension communautaire [2] comportant au moins une unité d'au moins 150 salariés en France. On rappelle que l'obligation de négocier n'est pas une obligation de conclure. Par ailleurs, les syndicats non signataires peuvent, s'ils sont majoritaires, faire valoir leur droit d'opposition.

L'article L. 2242-19 ajoute que la négociation porte également « *sur les conditions de retour et de maintien dans l'emploi des salariés âgés et de leur accès à la formation professionnelle* ».

L'article L. 2242-18 stipule que dans le cas d'un accord de groupe, les entreprises comprises dans le périmètre sont réputées avoir satisfait à l'obligation de négocier.

L'article L. 2242-16 précise que la négociation peut également porter sur les matières mentionnées aux articles L. 1233-21 et L. 1233-22 (voir ci-dessous la possibilité de conclure des accords de méthode) ainsi que sur la qualification des catégories d'emplois menacés par les évolutions économiques ou technologiques. **L'article L. 2242-17** traite des conditions auxquelles les indemnités de départ volontaire, prévues dans le cadre d'un accord collectif concernant les emplois menacés, peuvent bénéficier d'exonérations fiscales.

On notera enfin que les branches professionnelles sont également tenues d'organiser des négociations sur la GPEC depuis la loi de modernisation sociale de 2002. **L'article L. 2241-4** stipule en effet que les organisations liées par une convention de branche ou, à défaut, par des accords professionnels « *se réunissent tous les trois ans pour négocier sur les matières définies aux articles L. 2242-15 et L. 2242-16* ». À la suite de la Loi de 2003 portant réforme des retraites, les branches professionnelles avaient, déjà, l'obligation de se réunir, au moins une fois tous les trois ans, pour négocier sur les conditions de travail, la GPEC des salariés âgés et sur la prise en compte de la pénibilité du travail.

---

1) Cette obligation d'informer/consulter le CE sur la stratégie de l'entreprise et ses effets sur l'emploi s'ajoute, en effet, aux obligations générales d'informer/consulter le CE sur l'activité économique de l'entreprise (art. L. 2323-6), sur les projets de restructuration (art. L. 2323-15) et sur l'évolution annuelle de l'emploi et des qualifications et sur les actions de prévention et de formation envisagées (art. L. 2323-56). Voir *infra*, 18, encadré.

2) Une entreprise de dimension communautaire emploie au moins 1 000 salariés dans les états-membres de l'Union européenne et compte un établissement d'au moins 150 salariés dans au moins deux pays membres.

La possibilité de conclure des accords de méthode

Cette possibilité, traitée dans le chapitre consacré au *licenciement pour motif économique*, est explicitée dans les articles L. 1233-21 à L. 1233-24.

L'article L. 1233-21 stipule qu'un accord d'entreprise, de groupe ou de branche peut fixer, par dérogation aux règles de consultation des IRP, les modalités d'information et de consultation du comité d'entreprise applicables lorsque l'employeur envisage de prononcer le licenciement économique de dix salariés ou plus dans une même période de trente jours.

L'article L. 1233-22 indique que cet accord fixe les conditions dans lesquelles le comité d'entreprise :

- *est réuni et informé de la situation économique et financière de l'entreprise ;*
- *peut formuler des propositions alternatives au projet économique à l'origine d'une restructuration ayant des incidences sur l'emploi et obtenir une réponse motivée de l'employeur à ses propositions.*

L'accord peut organiser la mise en œuvre d'actions de mobilité professionnelle et géographique au sein de l'entreprise et du groupe, et détermine les conditions dans lesquelles l'établissement du PSE fait l'objet d'un accord et anticiper le contenu de celui-ci.

La finalité attendue de ce type d'accords, signés avec les organisations syndicales, est de favoriser la négociation et le dialogue social ainsi que la recherche d'alternatives aux licenciements pour cause économique.

Toutefois, ces accords, ainsi que l'indique **l'article L. 1233-23**, ne permettent pas à l'employeur de déroger aux obligations qui lui incombent en cas de licenciement économique, qu'il s'agisse des procédures d'information/consultation des IRP ou de l'obligation de formation, d'adaptation et de reclassement. Notamment, cet accord ne peut déroger à l'article L. 1233-4 qui stipule que le licenciement pour motif économique d'un salarié ne peut intervenir que lorsque tous les efforts de formation et d'adaptation ont été réalisés et que le reclassement de l'intéressé ne peut être opéré dans l'entreprise ou le groupe (*cf. infra*, 19).

Enfin, **l'article L. 1233-24** traite des délais qui s'imposent à toute action en contestation visant tout ou partie de l'accord.

L'ANI DU 14 NOVEMBRE 2008 SUR LA GPEC

L'ANI du 11 janvier 2008

L'accord sur la modernisation du marché du travail (devenu loi du 25 juin 2008) comporte un ensemble divers de mesures [1] destinées à « *faciliter l'entrée et à améliorer*

1) Celles-ci concernent, par exemple, la période d'essai, les indemnités de rupture, la rupture négociée, le contrat de projet...

les parcours » (partie 1) ainsi qu'à « *sécuriser les contrats et à améliorer le retour à l'emploi* » (partie 2). L'article 9 est consacré à la gestion prévisionnelle des emplois et des compétences. Au-delà des déclarations générales, les points les plus importants sont les suivants :

- Il y est déjà affirmé que : « En tant que démarche globale d'anticipation, la GPEC doit être entièrement dissociée de la gestion des procédures de licenciements collectifs et des PSE ».
- L'importance des branches et des territoires ainsi que celle des CPNE et des Copire (*cf. infra*, 16) est soulignée : mutualisation des données et observatoires prospectifs des métiers mis en place par les branches professionnelles, mise à disposition d'outils et aide apportée aux PME et aux TPE (non soumises à l'obligation de négocier sur le GPEC).

Dans la même perspective, l'article 8 qui traite de la mobilité professionnelle et géographique recommande une évaluation des expériences de mobilité interentreprises, mises en œuvre au niveau d'un bassin d'emplois. Par ailleurs, afin de sécuriser les mobilités, est évoquée (pour les entreprises de plus de 300 salariés), la possibilité d'une période expérimentation mobilité. Celle-ci « *permettrait au salarié de découvrir son nouvel emploi et prévoirait les conditions dans lesquelles l'intéressé pourrait revenir dans l'entreprise si le nouvel emploi ne lui convenait pas* ». La portabilité de certains droits (couvertures complémentaires santé et prévoyance ainsi que DIF), instituée par l'article 14, vise pareillement à faciliter les mobilités.

Rendez-vous est également pris pour négocier sur la GPEC. Ce sera l'ANI du 14 novembre 2008 dont on souhaite mettre en exergue ici deux propositions.

Il faut dissocier GPEC et licenciements économiques

L'article 7, intitulé « GPEC et licenciements économiques », à la suite de l'ANI du 11 janvier 2008 (art. 9) et compte tenu de certaines décisions de justice, réaffirme la différence de nature et d'objet entre GPEC et PSE. Les termes en sont les suivants :

« Si la GPEC doit prendre en compte la prospective des métiers (métiers en croissance, stables, en décroissance, en forte modification de contenu ou encore en renouvellement démographique), elle ne doit pas être un outil favorisant les licenciements économiques.

Ainsi conçue, elle n'est donc pas une étape préalable aux procédures de licenciements collectifs et aux PSE qui obéissent à des règles spécifiques et doit, de ce fait, être dissociée de leur gestion.

Pour autant, une GPEC conduite dans l'esprit et les conditions du présent accord doit permettre de consolider l'emploi et, le cas échéant, de mieux armer les salariés confrontés à des restructurations. »

L'article précise les finalités d'une GPEC : ne pas favoriser les licenciements économiques mais consolider l'emploi et aider les salariés face aux restructurations. Sur ce point, on peut espérer un consensus.

De là, l'article procède à une déduction : la GPEC ne doit pas être une étape préalable au PSE et aux licenciements économiques. Il n'est pas sûr que cette déduction soit logique, même si on admet, comme l'indique le texte, que les règles sont différentes ici et là. En d'autres termes, il pourrait paraître choquant qu'un PSE ne soit pas suspendu s'il est manifeste que l'entreprise n'a mené aucune politique d'anticipation en amont. La période de mise en application de la loi (2005-2008) a donné lieu à des décisions de justice discutables, mais cette période transitoire est aujourd'hui révolue [(1)]. L'arrêt du 30 septembre 2009 de la Cour de cassation (concernant la fermeture d'un établissement d'une filiale du groupe Casino) semble toutefois aller dans le sens d'une conception radicale : la négociation sur la GPEC ne saurait être un préalable aux licenciements économiques.

L'arrêt précise en effet que *« la régularité de la consultation du CE sur un projet de licenciement économique n'est pas subordonnée au respect préalable par l'employeur de l'obligation de consulter le CE sur l'évolution annuelle des emplois et des qualifications (obligation notamment imposée par l'article L. 2323-56), ni de celle d'engager tous les trois ans une négociation portant sur la GPEC (obligation imposée par l'article L. 2242-15) »*.

À noter que certains syndicats (CGT, FO) avaient jugé ambiguë la dissociation entre GPEC et PSE telle que formulée par l'article 7 de l'ANI.

Combiner le rôle de l'entreprise et celui des branches et territoires

L'ANI du 14 novembre 2008 distingue, en effet, « *la démarche de GPEC dans l'entreprise* » (titre I) et « *l'entreprise dans son environnement* » (titre II). S'agissant du premier point, l'accord souligne que l'anticipation et la sécurisation des parcours professionnels supposent tout à la fois une démarche collective (outils, publics prioritaires, dialogue social et rôle des IRP) et un diagnostic individuel permettant au salarié de disposer d'un état de ses compétences et de définir son projet professionnel. Le bilan d'étape professionnel (*cf. infra*, 23) poursuit cet objectif. Il est, par ailleurs, souhaité que « *chaque salarié progresse d'au moins un niveau de qualification au cours de sa vie professionnelle* ».

Le titre II explicite la contribution à la GPEC des *branches professionnelles* au travers des observatoires prospectifs, des travaux des CPNE et de l'aide apportée aux PME et aux TPE. Il est envisagé, *via* un portail Internet, de mettre en place un dispositif interprofessionnel d'information et d'orientation (art. 6). Par ailleurs, l'accord encourage au développement de la dynamique d'accompagnement au niveau territorial : par

1) Ainsi le TGI de Nanterre a suspendu, le 5 septembre 2006, la procédure de PSE de la société Capgemini en raison de l'absence de mise en œuvre de l'accord GPEC qui avait été signé. De même, le 5 octobre 2006, le TGI de Paris a suspendu le PSE de la société NextiraOne (ex-filiale d'Alcatel) en l'absence d'ouverture de négociation sur la GPEC.
Ces décisions sont discutables si on admet qu'une démarche de GPEC *ne peut avoir des effets qu'à terme*. Il n'est donc pas sûr qu'un accord, même finalisé en 2005, puisse avoir un impact dès 2006 (d'autant plus que les entreprises disposaient de trois années pour se mettre en conformité avec la loi du 18 janvier 2005).

exemple, la mise en place, au niveau d'un bassin d'emploi, d'outils communs de GPEC pour des entreprises relevant d'un même pôle de compétitivité ou d'une même filière d'activités...

DES MESURES INCITATIVES AUSSI

Nous allons distinguer les différents types de conventions qui, suite à la loi de modernisation sociale du 17 janvier 2002 et à son décret d'application du 24 juillet 2003, permettent de bénéficier d'une aide au conseil en matière de GPEC.

Les conventions individuelles d'appui à l'élaboration de plans de GPEC

Cette convention, d'une durée maximale de douze mois, ne peut être signée que par une entreprise de moins de 300 salariés (antérieurement 250). Elle permet la prise en charge par l'État d'une partie des coûts d'intervention du consultant, librement choisi par l'entreprise. La démarche (l'élaboration du plan de GPEC) doit satisfaire à des exigences définies.

Les conventions interentreprises

L'objectif de ce type de convention est de fédérer plusieurs entreprises autour d'un projet collectif. Chaque entreprise élabore son propre plan de GPEC, mais la démarche contient, en outre, des préconisations de coopération ou d'actions mutualisées : formation, lutte contre les difficultés de recrutement, GPEC à l'échelle d'une filière ou d'un bassin d'emploi...

Il n'existe pas de seuil d'effectif pour les entreprises participantes même si les PME restent la cible prioritaire.

L'aide de l'État consiste, ici aussi, dans la prise en charge d'une partie du coût d'intervention du consultant dans chaque entreprise. La convention sera conclue soit directement avec les entreprises, soit avec un organisme tiers porteur, chargé d'animer le réseau.

Les conventions de sensibilisation

Ces conventions peuvent être conclues avec des organismes professionnels de branche ou interprofessionnels ainsi qu'avec toute structure territoriale susceptible de représenter et d'animer un réseau d'entreprises : chambres de commerce, comités de bassin d'emploi, groupements d'employeurs...

Elles ont pour objectif de sensibiliser les entreprises à la GPEC par la prise en charge partielle du coût d'actions telles que : information et animation sur la GPEC, capitalisation, diffusion et transfert de bonnes pratiques...

Les EDEC

Les engagements de développement des emplois et des compétences (EDEC), créés en 2005 et faisant suite aux EDDF, offrent aussi certaines possibilités : leur objectif est d'apporter une aide financière et technique à des organisations professionnelles ou interprofessionnelles afin d'anticiper et d'accompagner les mutations économiques ainsi que l'évolution des emplois et des compétences (*cf. infra*, 16).

7. GPEC : quelles situations en pratique ?

DES CONTEXTES DE NÉGOCIATION DIVERS

Négociation discontinue mais prévision « glissante »

La GPEC constitue une démarche prévisionnelle de moyen terme pour laquelle existe, par ailleurs, une obligation légale de négocier tous les trois ans. Cet horizon temporel pluriannuel n'exclut évidemment pas que la prévision puisse être « glissante ». Le temps qui passe apporte, en effet, des informations qui conduisent à corriger et à déplacer les prévisions de l'année t+1, t+2 et t+3. Ainsi, **bien que la négociation soit discontinue, l'entreprise peut faire en sorte d'avoir, en permanence, une visibilité à trois ans**. Le comité de suivi procédera aux mises à jour et certaines entreprises décident même de suivre l'accord de GPEC lors des NAO (négociations annuelles obligatoires).

Accords de méthode : des oppositions syndicales possibles

La loi du 18 janvier 2005 permet, comme on l'a vu, de conclure des accords de méthode avec les organisations syndicales. Il est ainsi possible d'ouvrir des négociations pour anticiper le contenu d'un futur PSE et prévoir les mesures d'accompagnement des mobilités (professionnelles et/ou géographiques, internes et/ou externes) qui pourraient permettre de réduire, voire même d'éviter, les licenciements économiques. Encore faut-il que les organisations syndicales ne s'y opposent pas.

Or, celles-ci sont parfois réticentes par crainte de cautionner, par avance, certaines décisions de l'entreprise ayant des effets négatifs sur les salariés. Leur attitude sera fonction de leurs exigences propres qui sont plus ou moins grandes : pas de mobilités externes, pas de licenciements économiques, pas de réduction d'emplois...

Outre que les syndicats ne souhaitent pas « signer un chèque en blanc » à la direction, il peut se révéler problématique de prévoir des mesures uniformes au niveau du groupe alors même que la situation est très différente selon les sites, la mobilité géographique, par exemple, y étant plus ou moins facile. Dès lors, signer un accord de méthode sans savoir quels sites seront concernés est un élément susceptible de faire obstacle à la négociation. L'acceptation d'un accord de méthode sera, dans ces conditions, fonction des engagements pris par l'entreprise, concernant les garanties (priorité aux *insiders*, volontariat) et les indemnités liées à la mobilité.

Négocier à « froid », à « tiède », à « chaud »

Le contexte de négociation sur la GPEC différera selon que l'entreprise prévoit ou pas d'être confrontée, à court terme, à une restructuration induisant des suppressions d'emplois et pouvant aboutir à un PSE. Il se peut même que le recours à un PSE soit d'ores et déjà décidé. On distingue schématiquement les trois situations suivantes selon les menaces perçues par l'entreprise.

Pas de restructuration, ni de PSE en vue

L'accord de GPEC pourra se borner, dans ce cas, à préciser et à articuler les dispositifs pérennes (entretien professionnel, actions de formation à l'initiative de l'employeur ou du salarié, aides à la mobilité géographique...) utilisables dans le cadre de la gestion usuelle des mobilités, visant le développement de l'expertise technique ou l'accès à des fonctions managériales et induites par le *turnover* naturel ainsi que par l'expansion (éventuelle) de l'entreprise.

Concernant l'anticipation et la gestion des changements affectant les emplois, l'accord pourra être plus ou moins explicite et plus ou moins ambitieux. Il pourra, par exemple, spécifier la procédure d'identification des emplois sensibles (qui devraient connaître des changements importants) et indiquer les dispositifs d'accompagnement dont pourront bénéficier, de façon prioritaire, les salariés concernés (*cf. infra*, 21).

Par ailleurs, rien n'interdit à l'entreprise de négocier un accord de méthode à « froid » concernant une restructuration ou un PSE qui surviendrait dans le futur. Elle peut aussi s'engager à ne pas licencier pour cause économique au cours de la période d'application de l'accord. Un tel engagement n'est pas, toutefois, sans risques ; une entreprise en forte croissance aujourd'hui, n'étant pas à l'abri de retournements de situation.

Restructuration (et PSE ?) en perspective

L'entreprise qui envisage une restructuration doit négocier un accord sur le dispositif de GPEC, mais elle peut aussi conclure un accord de méthode prévoyant la gestion à « tiède » de la restructuration, avec dans un premier temps, recours exclusif à la mobilité volontaire (interne et externe), avant d'en venir, éventuellement, à la phase d'application des critères d'ordre des licenciements économiques.

L'entreprise peut décider que cet accord de méthode est complémentaire à l'accord de GPEC et que leur signature est indissociable. Il est, en outre, possible que le dispositif prévisionnel d'accompagnement d'une restructuration figure dans l'accord même de GPEC. Dans ce cas, il est souhaitable qu'il soit explicité dans une partie clairement distincte.

PSE en perspective ou décidé

Dans ce cas, l'entreprise peut négocier un accord de méthode à « chaud » visant à encadrer le déroulement du PSE. Cet accord ne relève pas d'une démarche d'anticipation des mutations économiques qui reste néanmoins souhaitable et même obligatoire. Mais, ici, l'accord de GPEC ne concernera que les « survivants » au PSE.

Signer un accord au niveau international

Des groupes ont intérêt à signer, au niveau international, des accords formalisant certains aspects de leur démarche d'anticipation des changements et de gestion des évolutions professionnelles. Ainsi, Areva, Schneider Electric et Thales se sont engagés dans cette voie en signant, au niveau européen, des accords avec la FEM (Fédération européenne de la métallurgie) [1]. De même, GDF-Suez a signé en février 2010 un accord qui prévoit la mise en place d'un comité GPEC européen.

Cette démarche inscrite dans un cadre international est justifiée dès lors que le groupe souhaite :

- faciliter les mobilités des salariés entre pays ;
- mutualiser les bonnes pratiques développées ici ou là concernant la gestion des compétences, l'apprentissage et la formation ;
- favoriser une démarche concertée d'anticipation et développer les échanges entre experts sur la prospective des métiers ;
- progresser sur des objectifs transversaux tels que l'égalité hommes/femmes...

Dans cette perspective, le groupe pourra garantir un socle minimum de droits à ses salariés en matière d'entretien/orientation et d'accès à la formation.

LES PRÉOCCUPATIONS CLASSIQUES ET CELLES ENGENDRÉES PAR LA CRAINTE DES PÉNALITÉS

Compétences clés et talents

La préservation des compétences clés ainsi que l'attraction et la fidélisation des talents sont des préoccupations classiques du manager RH. On le comprend aisément. Les compétences clés concernent les connaissances et savoir-faire qui confèrent à l'entreprise son avantage compétitif. De même, ceux que l'on appelle les talents constituent un autre moyen de faire la différence.

Comme on l'a indiqué, l'entreprise peut être vue comme un ensemble de « couples », où des salariés sont unis à des emplois déterminés. Il reste que les rapports au sein d'un couple donné sont plus ou moins fortement codifiés. Pour certains postes, les compor-

1) Par exemple, Thales a signé le 11 juin 2009 l'accord européen IDEA *(Improving professional development through effective anticipation)*.

tements des salariés qui les occupent sont fortement encadrés et contrôlés par les règles et les procédures instaurées par l'entreprise. Par exemple, dans les emplois de type fantassin (*foot soldier job*), la standardisation très poussée du travail ne laisse guère de liberté au salarié. De même, dans les emplois de type gardien (*guardian job*), l'organisation du travail a pour objectif premier que les salariés remplissent « normalement » leur mission et évitent les contre-performances désastreuses. Par opposition, les emplois de type étoile (*star job*) laissent toute leur place à l'autonomie, l'initiative, la créativité, le génie... L'exploit y est possible et recherché. C'est là toute la différence entre un conducteur de bus (*guardian job*) et un pilote de formule 1 (*star job*). Bref, dans certains types d'emplois (tels que construits par l'entreprise), le talent peut s'exprimer ou encore la possibilité de personnaliser le poste est grande.

Dans ce cas, il est essentiel que l'entreprise se donne les moyens d'attirer et de fidéliser, sur ces emplois, les meilleurs éléments. Il s'agit là d'une préoccupation constante qui ne dépend pas fondamentalement de la tension du marché du travail : pénurie ou abondance de main-d'œuvre.

Le fait que le manager RH accorde une attention prioritaire aux stars et aux compétences clés accentue la dimension stratégique de sa fonction et en fait un interlocuteur privilégié de la direction. Mais cela n'implique nullement qu'il doive négliger les emplois et les compétences ayant un caractère moins critique : l'exploit du pilote de formule 1 dépend certes de sa virtuosité mais également des qualités des salariés qui composent l'équipe de son stand...

Pénalités et souci croissant de la diversité

Le principe d'une suppression des différences jugées discriminatoires a été affirmé de longue date dans les textes juridiques. Certaines réalisations sont en décalage avec les intentions déclarées. L'élément nouveau est l'instauration de pénalités censées inciter les entreprises à mener des politiques plus actives en matière de diversité. Différentes catégories sont concernées.

Égalité professionnelle entre hommes et femmes

La loi du 23 mars 2006 crée plusieurs obligations pour les entreprises : produire un diagnostic sur les écarts de salaire entre hommes et femmes, neutraliser l'effet du congé maternité sur l'évolution du salaire et ouvrir des négociations sur la suppression des écarts salariaux. Depuis la loi du 13 juillet 1983 (loi Roudy), les entreprises (de plus de 50 salariés) étaient tenues de produire un RSC (Rapport de situation comparée) des conditions générales d'emploi et de formation entre hommes et femmes. Le décret du 22 août 2008 en modifie le contenu : deux modèles, applicables à partir du 1er janvier 2009, sont définis, l'un destiné aux entreprises de 300 salariés et plus, l'autre aux entreprises de moins de 300 salariés. En résumé, le Code du travail oblige l'employeur à négocier sur l'égalité professionnelle entre les femmes et les hommes (*cf.* articles

L. 2242-5 à L. 2242-7). Les écarts salariaux entre femmes et hommes devraient être résorbés avant le 31 décembre 2010 !

Plus largement, les actions en faveur de l'égalité professionnelle entre hommes et femmes contribuent à l'image de marque de l'entreprise. Le label Égalité professionnelle créé en 2005, certifie, sur la base de 15 critères, la mise en place de pratiques de management favorisant l'égalité entre les hommes et les femmes [1].

Actions en faveur de l'emploi des seniors

Le taux d'emploi des seniors, de 55 à 64 ans, est et reste faible en France [2], en dépit des mesures prises au cours des années 2000. Le problème des retraits précoces d'activité (suite aux préretraites, au chômage et aux licenciements...) devient une préoccupation de plus en plus grande en raison de son impact sur l'équilibre financier du système des retraites et de l'assurance chômage. Cela justifie le nouveau train de mesures, assorties de pénalités, applicables à compter de 2010 (*cf. infra*, 21).

Il est prévu que toutes les entreprises de plus de 50 salariés soient couvertes au moins par un accord de branche et, pour celles d'au moins 300 salariés, par un accord d'entreprise ou un plan d'action unilatéral présenté aux IRP. Ces accords doivent satisfaire à un cahier des charges précis : objectif chiffré de maintien dans l'emploi ou de recrutement de salariés âgés, choix de trois domaines d'action (parmi six) auxquels sont associés des indicateurs chiffrés, mise en place d'un suivi (*cf. infra*, 21). En l'absence de respect de ces dispositifs, l'employeur devra acquitter une pénalité correspondant à 1 % du montant des rémunérations versées aux salariés au cours de la période non couverte par l'accord ou le plan d'action. Encore faut-il que les accords soient appliqués !

La diversité comme objectif

Des raisons plus larges (qui dépassent le cas des femmes et des seniors) laissent à penser que la politique de la diversité s'affirmera comme une préoccupation importante du fonctionnement du marché interne du travail, au cours des années 2010. Cette politique s'accorde, dans certains cas, avec la mondialisation de l'économie qui pousse les firmes multinationales à diversifier leurs cadres dirigeants et plus largement leurs talents (au point de créer parfois une fonction de *diversity manager*). La politique de la diversité est également activée par un système d'incitations financières.

La tendance qu'on observe pour les femmes et les seniors se vérifie aussi pour le recrutement des travailleurs handicapés. Ainsi, la loi du 11 février 2005, dite loi Handicap, impose aux entreprises d'au moins 20 salariés d'employer 6 % de travailleurs handicapés. Toutefois, il existe différentes possibilités (dont celle de contrats de sous-traitance avec

1) L'organisme certificateur en est l'Afnor. La commission de labellisation est composée de cinq représentants de l'État, de cinq représentants des syndicats de salariés et de cinq représentants des organisations patronales. Le label est accordé pour une période de trois ans, renouvelable.

2) Le taux d'emploi des 55-64 ans est de l'ordre de 40 % en France (voire inférieur selon la source statistique utilisée) à la fin de la décennie 2000. Il est donc inférieur à l'objectif de 50 % en 2010 affiché par l'Union européenne et très inférieur au taux observé en Finlande (soit 55 %), pays jugé exemplaire.

les secteurs protégés) pour satisfaire à cette obligation d'emploi. Si cette obligation n'est pas satisfaite, l'entreprise doit acquitter à l'Agefiph une contribution financière. Le coût pour chaque bénéficiaire manquant varie selon la taille de l'entreprise : 400 fois le Smic horaire si l'entreprise compte de 20 à 199 salariés, 500 fois le Smic horaire pour 200 à 749 salariés et 600 fois le Smic horaire pour 750 salariés et plus. Toutefois, en 2010, les entreprises (de 20 salariés et plus) qui n'ont engagé aucune action en faveur de l'emploi des travailleurs handicapés pendant une période supérieure à trois ans, verront leur contribution financière passer à 1 500 fois le Smic horaire par bénéficiaire manquant (quelle que soit la taille de l'entreprise).

Plus largement, les actions offensives menées par la Halde (Haute autorité de lutte contre les discriminations et pour l'égalité) constituent une autre forme d'incitation à s'engager dans une politique de la diversité. Celle-ci s'inscrit nécessairement dans une perspective pluri-annuelle, la résorption des écarts ou l'atteinte des normes imposées étant nécessairement étalées dans le temps pour être économiquement praticables. En cela, la poursuite d'une politique de la diversité relève d'une démarche de GPEC.

Comme nous le verrons plus loin, les réalisations en matière de GPEC sont très diverses. Dans certains cas, aucun accord de GPEC n'a été signé, mais cela ne saurait être interprété comme l'absence de toute démarche d'anticipation au niveau de l'entreprise. Dans d'autres cas, les accords n'ont fait que mettre en forme ce qui existait déjà. À l'opposé, certaines entreprises se sont appuyées sur l'obligation triennale de négocier sur la GPEC pour construire de nouveaux dispositifs (en se dotant, par exemple, d'un observatoire des métiers) et pour renforcer les mesures d'accompagnement des mobilités en lien avec les possibilités multiformes offertes par la formation.

8. Quelles sont les grandes étapes de la GPEC ?

UN RÉFÉRENTIEL POUR ANALYSER LES MOBILITÉS INTERNES ET EXTERNES

Nous l'avons vu, le marché interne du travail est un espace de mobilité et la GPEC vise à en améliorer le fonctionnement tant du point de vue de l'entreprise que des salariés. Pour analyser cette démarche d'anticipation, il est donc souhaitable de disposer d'un outil qui représente l'ensemble des mobilités potentielles. Cet outil existe ! Il s'agit de la *Population accounting matrix* (PAM) appelée en France compte sociodémographique [1].

Nonobstant son utilité, il n'en est jamais fait référence dans les ouvrages de GPEC. Il est vrai que la PAM a été conçue dans un autre cadre (celui macroéconomique du pays) et pour d'autres usages : développer une comptabilité dans le domaine démographique (analyse des flux migratoires, des naissances et des décès) et social (analyse des mobilités intersectorielles ou intercatégorielles ainsi que des transitions entre états : actif occupé, inactif ou chômeur). On propose de simplifier cet outil en vue de l'appliquer à la GPEC. On obtient ainsi ce qu'on peut appeler une **matrice des mobilités** (MM).

La MM décrit, en effet, les mobilités internes (entre les emplois d'une unité ayant un périmètre donné) et les mobilités externes : les sorties (décomposées selon plusieurs modalités) et les entrées (ou recrutements externes). L'outil peut être utilisé dans le cadre d'une analyse rétrospective (retracer les mobilités passées entre deux dates) ou d'une démarche prospective : anticiper les évolutions des emplois actuels et examiner les mobilités possibles pour réduire les écarts avec les emplois cibles. On présente, ci-après, un exemple didactique qui s'inscrit dans cette dernière perspective [2].

- On suppose que les emplois (existants ou prévus) de l'entreprise peuvent être analysés au moyen d'une nomenclature simple à quatre items qu'on notera les emplois A, B, C et D. On pourrait tout aussi bien supposer que l'entreprise comporte des centaines d'emplois différents (et non seulement quatre). La structure de la matrice des mobilités n'en serait pas modifiée pour autant.

1) Pour une présentation générale simple, on pourra se reporter à A. Fouquet et A. Vinokur, *Démographie socio-économique*, Dalloz, 1990.

2) Pour plus de détails, voir F. Stankiewicz, avec la collaboration de F. Geuze, *Manager RH*, Collection Business School, Éditions De Boeck, 2e édition, 2010, chapitres 3 et 7.

8. Quelles sont les grandes étapes de la GPEC ?

- **Les mobilités internes** sont enregistrées dans la matrice carrée A, B, C, D. Le chiffre 10 du tableau 1, à l'intersection de la ligne C et de la colonne D indique que 10 salariés devraient passer de l'emploi C (de départ) à l'emploi D (d'arrivée).
- **Les mobilités externes** comprennent les sorties (de l'entreprise) et les recrutements (en l'occurrence externes). Les sorties ont été ventilées en deux catégories : sorties retraites et autres sorties.
- Lorsque l'étude est réalisée au niveau d'un site, il est intéressant de différencier les entrées et les sorties selon que les flux concernent ou pas les autres sites du groupe considéré.
- **Le total ligne donne le niveau des emplois actuels**. Par exemple, la lecture de la ligne B apporte une réponse à la question : que vont devenir les 20 salariés qui occupent actuellement un emploi de type B ? La réponse est : 3 devraient partir en retraite, 13 devraient continuer à occuper le même emploi (B) et 4 seraient concernés par une mobilité de l'emploi B vers l'emploi C.
- **Le total colonne donne le niveau des emplois cibles**. Par exemple, la lecture de la colonne C apporte une réponse à la question : d'où viennent les 25 salariés qui devraient occuper un emploi C à l'issue de la période prévisionnelle ? La réponse est : 15 viennent de l'emploi C (ceux-là n'auront donc pas changé d'emploi : ils étaient et ils restent en C), 4 devraient bénéficier d'une mobilité de B vers C et 6 seraient recrutés sur le marché (externe) du travail.

TABLEAU 1. La matrice des mobilités MM (*)

	A	B	C	D	Autres sorties	Sorties Retraites	Emplois actuels
A	0	0	0	0	**9**	1	10
B	0	13	**4**	0	0	3	20
C	0	0	15	**10**	0	5	30
D	0	0	0	0	0	0	0
Recrutements	0	**12**	**6**	0			
Emplois cibles	0	25	25	10			

(*) Les ajustements privilégiés sont indiqués en gras.

LES TROIS GRANDES ÉTAPES DE LA GPEC

En prenant pour référence la matrice des mobilités, il apparaît que la GPEC comporte trois grandes étapes.

Première étape : radiographier l'existant

Il s'agit dans l'exemple didactique retenu d'établir le contenu et le volume des emplois actuels. Il apparaît que l'effectif total (60) se répartit en 10 A, 20 B et 30 C. En pratique, comme on le verra, il ne suffit pas de compter les postes de travail. En premier lieu, des regroupements en emplois types sont nécessaires. En second lieu, il faut hiérarchiser les priorités. L'analyse de la situation actuelle sera ainsi ciblée avec un intérêt particulier porté à ce qu'on considère comme des emplois types stratégiques, critiques et/ou sensibles... (*cf. infra*). Plus généralement, l'objectif est de radiographier l'existant dans le but de détecter les problèmes dont le présent est porteur pour le futur.

Deuxième étape : prévoir les emplois cibles

Dans l'exemple, il apparaît que le métier A sera amené à disparaître et le métier D émerger. En outre, l'effectif étant prévu constant (au niveau 60), le volume de l'emploi B devrait augmenter (de 20 à 25) et celui de l'emploi C décroître (de 30 à 25). Entre les deux cas polaires de création-destruction totale (emplois A et D) et d'évolution qualitative à l'identique (emplois B et C), on pourrait enrichir l'exemple en faisant l'hypothèse d'une possible transformation qualitative partielle du contenu des emplois. Cela s'intègre, sans difficultés, dans la matrice des mobilités.

Troisième étape : choisir les mobilités qui comblent les écarts

Entre les emplois actuels et les emplois cibles, il y a des écarts dont il est nécessaire d'organiser la résorption au cours de la période prévisionnelle. Comme le montre la matrice des mobilités, les modalités d'ajustement qui permettent de combler les écarts entre les besoins et les ressources disponibles de main-d'œuvre se présentent, d'un point de vue formel, comme un ensemble déterminé de mobilités internes (au sein de ce qui est considéré comme le périmètre de l'entreprise) et de mobilités externes (mouvements d'entrées et de sorties entre l'entreprise et l'extérieur). De façon moins abstraite, ces mobilités internes et/ou externes sont à réaliser au travers d'un ensemble divers de dispositifs d'accompagnement, institutionnalisés par le système économique, mis en place par la branche ou créés, *ad hoc*, par l'entreprise...

Ces différentes étapes seront analysées dans les parties suivantes : la première étape dans la partie 2, la deuxième dans la partie 3 et la troisième dans la partie 4. Toutefois, on souhaite d'emblée souligner **la multiplicité des scénarios possibles qui correspondent à la troisième étape**... Des choix doivent donc être faits. Les ajustements privilégiés dont on suggère les raisons *infra*, sont indiqués en gras dans le tableau 1. Cela nous amène à nous interroger sur ce que sont réellement les missions critiques du manager RH dans le cadre de la GPEC.

9. GPEC : quelles sont les missions critiques du manager RH ?

L'ANTICIPATION DES MOBILITÉS PLUS IMPORTANTE QUE LA PRÉVISION DES EMPLOIS CIBLES

On souhaite ici démontrer la proposition suivante : même si, par miracle, la prévision des emplois cibles était chose facile, **les travaux du manager RH, en matière de GPEC, seraient encore d'une complexité redoutable**. En d'autres termes, même si la réalisation des deux premières étapes (analyse de la situation actuelle et prévision des emplois cibles) ne soulevait pas la moindre difficulté, les problèmes à régler dans le cadre de la troisième étape resteraient d'une importance capitale pour l'entreprise et ses salariés.

Plus généralement, en forçant un peu le raisonnement, on considère que les missions critiques du manager RH concernent davantage la prospective des moyens d'accompagnement (anticipation et choix des mobilités) que la prévision des emplois cibles. En effet, même si ces derniers étaient parfaitement prévisibles, ils apparaîtraient au manager RH comme des variables plutôt exogènes, sur lesquelles son pouvoir d'influence est limité. Autrement dit, **le manager RH n'a pas le pouvoir de déterminer les restructurations, mais son rôle est essentiel en ce qui concerne la gestion de leurs conséquences**. Pour démontrer ces propositions, reprenons l'exemple didactique (*cf. supra*, 8).

Supposons (provisoirement) que le manager RH ait une connaissance parfaite des emplois cibles et qu'après estimation des départs prévisionnels en retraite, il aboutisse aux écarts indiqués dans le tableau 2 (cohérents avec le tableau 1). En est-il plus avancé ?

TABLEAU 2. Prévision des emplois cibles et des écarts

	A	B	C	D
Emplois actuels	10	20	30	0
Emplois cibles	0	25	25	10
Écarts	− 10	+ 5	− 5	+ 10
Départs prévisionnels en retraite	1	3	5	0
Écarts après sorties-retraites	− 9	+ 8	0	+ 10

Pas tellement car l'essentiel du travail reste à faire. Plus précisément, la tâche à accomplir reste énorme car les scénarios d'ajustements correspondant à un même vecteur d'écarts (dans l'exemple : – 9, + 8, 0, + 10) sont multiples. En conséquence, la seule connaissance de ces écarts (même après départs prévisionnels en retraite) ne permet pas de répondre à la question : que faire ? Des investigations supplémentaires sont nécessaires.

LES INVESTIGATIONS NÉCESSAIRES POUR BIEN CHOISIR LES MOBILITÉS PRÉVISIONNELLES

La matrice des mobilités fournit un cadre cohérent qui permet d'identifier les **évaluations économiques** auxquelles doit procéder le manager RH pour choisir entre la multiplicité des ajustements possibles. Même si elle ne fournit pas un algorithme de résolution, cette matrice constitue un outil commode pour comparer les solutions envisageables. Trois types d'investigations sont nécessaires.

Identifier les passerelles entre emplois

Celles-ci dépendent de la nature des emplois X et Y considérés qui, indépendamment des caractéristiques des salariés qui les occupent, impliquent un coût de reconversion ou de passage plus ou moins important. En règle générale, il n'y a pas symétrie (le passage de X à Y n'implique pas nécessairement celui de Y à X). En pratique, le manager RH devra définir une typologie indiquant la difficulté de passage d'un emploi à un autre en fonction de la formation requise : légère ou lourde.

Dans l'exemple didactique, il semble qu'il n'existe pas de passerelle interne à partir de A, d'où l'ajustement sous la forme des autres sorties. En revanche, on envisage d'organiser des passages de C vers D, ce qui, semble-t-il, constitue une solution praticable alors que les recrutements (externes) en D sont exclus.

Comparer les coûts/avantages d'un recrutement interne et externe

Le fait que les besoins en D soient systématiquement satisfaits par mobilité interne donne à penser que dans ce cas, le recrutement externe est difficile (parce que, par exemple, les compétences recherchées pour ce nouveau métier n'existent pas – ou pas encore – sur le marché du travail). De façon générale, le manager RH doit comparer les coûts respectifs d'un recrutement interne et externe. Il compare, à cet effet, le coût de reconversion et le coût d'entrée mais prend aussi en compte un éventuel différentiel salarial. Dans certains cas, une priorité absolue est donnée aux *insiders* et garantie par les accords de GPEC. Dans les entreprises publiques, cette préférence peut résulter du statut (fonctionnaire) du personnel.

Prendre en compte les caractéristiques individuelles des salariés

Ceux qui occupent un même emploi présentent des caractéristiques différenciées qu'il s'agisse de l'âge, de l'ancienneté dans le poste, du niveau de diplôme et du potentiel d'évolution, des attentes et des intérêts professionnels, des contraintes familiales... Or, ces différentes variables ont un impact sur la capacité ou le souhait à entreprendre une mobilité professionnelle et/ou géographique. Les deux cas de figure sont possibles : on peut vouloir mais ne pas pouvoir ou pouvoir mais ne pas vouloir. Ces caractéristiques personnelles constituent l'un des facteurs explicatifs des mobilités envisagées et on peut penser qu'elles ont influencé la sélection des 4 mobilités BC (parmi les 17 éligibles) ou des 10 mobilités CD (parmi les 25 éligibles). Jouent également, les procédures qui ont été définies concernant les pouvoirs conférés au manager « cédant » (qui contrôle le poste de départ) et au manager « prenant » (qui contrôle le poste d'arrivée)...

Au total, la matrice des mobilités fournit un cadre cohérent, utile et rigoureux pour explorer les solutions praticables d'une démarche anticipatrice des mobilités. Elle nous invite également à suivre trois grandes étapes, qui seront détaillées dans les parties 2, 3 et 4 : auditer le présent, explorer le futur et accompagner les changements.

Partie 2

PREMIÈRE ÉTAPE DE LA GPEC : AUDITER LE PRÉSENT

10. Comment diagnostiquer aujourd'hui les problèmes de demain ?

AUDITER ET NON PAS DÉCRIRE LE PRÉSENT

Identifier les problèmes

L'objectif de la démarche n'est pas de décrire l'existant. Il ne s'agit pas non plus d'établir un simple état des lieux. Il convient, plus précisément, d'auditer le présent pour repérer les problèmes dont il est porteur pour l'avenir.

La notion de problème désigne des situations insatisfaisantes, coûteuses ou risquées pour l'entreprise, qui appellent des changements. Mais il apparaît aussi que la réalisation de ces évolutions souhaitables prendra du temps, devra être étalée sur plusieurs années, ce qui justifie de les prendre en compte dans le cadre d'une gestion prévisionnelle qui va au-delà de l'exécution du plan opérationnel courant.

Des désaccords possibles

Cet audit de l'existant requiert une analyse. Il peut être l'occasion d'affrontements et de jeux de pouvoir entre les acteurs de l'entreprise, et révéler des appréciations différentes et des désaccords sur ce qui doit constituer les préoccupations majeures du futur.

Une première approche

Cet audit se centre sur la situation présente : l'état actuel des ressources (y compris humaines) constitue, en effet, un élément déterminant des possibilités d'évolution futures. Toutefois, aux problèmes qui caractérisent la réalité d'aujourd'hui, viendront s'en ajouter d'autres qui émergeront à l'occasion de l'exploration des trajectoires envisageables pour le futur. L'audit du présent ne fournit donc qu'une première approche des situations-problèmes à traiter.

10. Comment diagnostiquer aujourd'hui les problèmes de demain ?

COMMENCER À RÉPERTORIER LES SITUATIONS-PROBLÈMES

Le **cadre organisationnel de la démarche d'anticipation** doit, lui-même, être déterminé. Les problèmes qui se posent au niveau des sites/filiales peuvent différer de ceux qu'il convient de traiter au niveau du groupe. En outre, la question se pose de savoir comment associer à la réflexion prévisionnelle les IRP et les partenaires sociaux, d'une part, et les managers de proximité, d'autre part.

Plus précisément, un comité de pilotage doit être mis en place. Outre la DRH, l'implication de la Direction sera nécessaire compte tenu des liens entre la GPEC et la stratégie de l'entreprise. La mise en œuvre de la démarche prospective pourra, par ailleurs, être organisée sous la forme de différents projets. Les rôles respectifs des chefs de projet, des managers opérationnels et de la fonction RH ainsi que la contribution de ces acteurs aux travaux du comité de pilotage sont à définir.

S'agissant du **questionnement thématique**, les trois points suivants constituent un minimum.

Avantage compétitif, compétences clés et emplois stratégiques

Quel est le cœur de métier de l'entreprise ? Sur quoi repose l'avantage compétitif : quels sont les processus et les emplois stratégiques ? Cet avantage compétitif est-il menacé : risque de déperdition de savoirs, intensification de la concurrence, vieillissement des produits ?...

Dysfonctionnements et emplois critiques

Certains emplois sont-ils « en tension », difficiles à pourvoir ? Certains emplois sont-ils pénibles ou à risque : accidents du travail, maladies professionnelles, usure professionnelle ?

Des méthodologies existent pour évaluer le degré d'exigences ou la pénibilité du poste. La problématique est ancienne [(1)] mais elle trouve aujourd'hui une nouvelle actualité avec les seniors et le vieillissement de la main-d'œuvre [(2)], que la diminution ou l'arrêt des recrutements accentuent.

Par ailleurs, la question du stress conduit à réexaminer l'organisation du travail et les méthodes de management. Plus généralement, la préservation de la santé peut constituer un volet particulier de la GPEC. Cette démarche est justifiée puisque l'employabilité

1) Voir, par exemple, la cotation des postes en fonction de leurs exigences réalisée par Renault à la fin des années 80. Pour une présentation de l'expérience : Sailly M. et Volkoff S., « Vieillissement de la main-d'œuvre et adéquation prévisionnelle des postes : le cas des ouvriers du montage dans l'automobile », *Formation-emploi*, n° 29, janvier-mars 1990.

2) Molinié A.-F. et Volkoff S., *La démographie du travail pour anticiper le vieillissement*, Éditions ANACT, 2002.

des salariés dépend aussi de leur état de santé. Elle est d'autant plus nécessaire que le reclassement des salariés usés ou déclarés inaptes est coûteux pour l'entreprise.

Contraintes réglementaires, pénalités et populations prioritaires

L'entreprise est soumise à certaines obligations en matière d'égalité professionnelle entre hommes et femmes, concernant l'emploi de seniors ou de travailleurs handicapés ou, encore, relatives à l'exigence de diversité (*cf. supra*, 7). Ces différents aspects sont à intégrer dans la démarche d'anticipation car la mise en conformité avec le droit (qui dépend également des actions menées au niveau des branches professionnelles) exige de s'inscrire dans la durée.

Cette première approche permet de repérer certains emplois sensibles pour lesquels on doit s'attendre à des changements quantitatifs (volume) et/ou qualitatifs (contenu en compétences) importants. La prospective du futur enrichira cette perception des changements nécessaires. Il reste que pour auditer le présent, une instrumentation est nécessaire, comme nous allons le voir dans les chapitres suivants. Il s'agit, en l'occurrence, des outils d'analyse des emplois d'une part, des compétences d'autre part.

11. Quels outils d'analyse des emplois ?

PARTIR DES FICHES DE POSTE

Le marché interne de l'entreprise est, comme on l'a vu, un ensemble hiérarchisé de postes, occupés par des salariés déterminés. La fiche de poste (encore dénommée fiche métier, fiche de fonction ou fiche emploi) est un document qui décrit, de façon normative, le poste.

Fiche de poste selon que le travail est prescrit ou discrétionnaire

Décrire, de façon normative, le poste implique d'expliciter ce qu'on doit y faire. En d'autres termes, il s'agit d'énumérer les activités qui composent le poste et dont le regroupement résulte des choix d'optimisation de la division du travail au sein de l'entreprise. À un niveau plus fin, on peut indiquer les opérations ou les tâches qui correspondent à une activité donnée. En général, un emploi est multi-activités et une activité est multi-opérations.

À noter que décrire un emploi par ses activités est chose d'autant plus aisée que le travail est prescrit. Dans ce cas, le travail consiste, pour l'essentiel, à appliquer des modes opératoires standardisés. En revanche, lorsque le travail est discrétionnaire et que le titulaire dispose d'une grande autonomie dans le choix des actions ou des moyens, la description de l'emploi n'est possible qu'au travers des finalités ou des objectifs généraux à atteindre. L'emploi est alors davantage décrit par ses missions ou ses fonctions que par ses activités.

Les fiches de poste constituent des matériaux pour la GPEC. Elles ne sont pas utilisées en tant que telles car elles se situent à un niveau trop détaillé. Mais elles forment la base à partir de laquelle seront effectués les regroupements pour définir les emplois-types (*cf. infra*), du moins dans les entreprises où le poste constitue le référentiel principal pour définir la place et le rôle, les activités et les missions des individus. Il est possible que le poste demeure le référentiel principal alors même que l'entreprise fonctionne par projet ou que le salarié travaille en équipe.

À quoi servent les fiches de poste ?

Ces fiches sont utiles pour préciser les attributions de chacun et donc répondre à la question : Qui fait quoi ? L'absence de fiches de poste entretient ainsi un certain flou organisationnel. Mais à l'inverse, une description trop pointilliste peut être source de rigidités en suscitant chez le titulaire le refus d'exercer des activités qui ne sont pas recensées dans sa fiche de poste. Une modification de l'intitulé du poste est susceptible de susciter des réactions diverses de la part des salariés (y compris le refus).

En second lieu, les fiches de poste fournissent des repères pour l'évaluation du salarié (identification de ses points faibles et définition d'éventuels besoins de formation) ainsi que pour le choix des recrutements (tant externes qu'internes).

Le contenu d'une fiche de poste

Les rubriques d'une fiche de poste sont classiquement les suivantes :

- intitulé de l'emploi et indication de sa raison d'être ;
- énumération des missions et/ou des activités et spécification éventuelle des responsabilités du titulaire du poste (résultats attendus et contre-performances à éviter) ;
- indication succincte des compétences techniques et comportementales (savoir-être) que doit posséder le titulaire ainsi que précision du niveau de formation – diplôme – expérience requis ;
- position de l'emploi dans la structure organisationnelle : relations hiérarchiques, interlocuteurs internes et externes, relations de type clients-fournisseurs, flux d'informations entrantes et sortantes... ;
- mobilités internes possibles : à partir des postes en amont et vers les postes en aval ;
- moyens mis à la disposition du titulaire du poste ainsi que mention de certaines contraintes ou servitudes du poste.

Ces fiches de poste constituent la base à partir de laquelle seront définis les emplois-types. Elles sont établies par des groupes de travail comportant, outre la fonction RH, des titulaires du poste, leurs supérieurs hiérarchiques ainsi que des salariés occupant des emplois en interface. Il est évidemment nécessaire de disposer de fiches actualisées. Cette maintenance doit être prévue et organisée par l'entreprise.

Des situations très diverses selon les entreprises

On peut faire trois constats.

Les fiches de poste n'existent pas partout

Toutes les entreprises ne disposent pas de fiches de poste ou de descriptions de fonction visant à formaliser leur organisation du travail. Les raisons sont diverses : effectif réduit facilitant la communication orale et ne requérant pas de codification écrite, extrême diversité et/ou rapide évolution des situations de travail, contenu jugé évident des responsabilités et des attentes...

Les fiches de poste sont plus ou moins détaillées

Il peut s'agir de documents succincts d'une à deux pages mais on trouve aussi des descriptions qui ont plutôt la forme d'un mini-dossier. Les raisons de ces différences sont les suivantes. Dans certains cas, la fiche de poste incorpore aussi un référentiel de compétences [1]. Par ailleurs, certaines entreprises se servent de la fiche de poste comme support pour rappeler les valeurs et principes constitutifs de la culture d'entreprise, qui doivent guider le comportement de chacun des membres du personnel.

Les fiches de poste ne sont pas nécessairement utilisées

Les fiches de poste ne sont pas toujours actualisées, ne sont pas connues des titulaires du poste, ou encore, ne sont pas utilisées lors des entretiens... Il est vrai que certaines fiches de poste sont très détaillées, visent à l'exhaustivité, procèdent à de longues énumérations qui n'aident pas à percevoir l'essentiel... En résumé, un outil peu maniable dans certains cas. Ainsi, une fiche de poste serait d'autant moins utilisée qu'elle contient beaucoup d'informations. Toutefois, cette éventuelle relation inverse entre utilisation et longueur reste à vérifier...

DÉFINIR LES EMPLOIS TYPES

Qu'est-ce qu'un emploi type ?

Un emploi type regroupe un ensemble déterminé de postes dont les caractéristiques et les compétences requises sont suffisamment communes pour être occupés par un même individu moyennant des adaptations et/ou des formations qui restent mineures. L'expression d'emploi repère est parfois utilisée.

À l'origine, cette notion d'emploi type a été conçue, au début des années soixante-dix, par le Centre d'études et de recherches sur les qualifications (Cereq) à l'occasion de la création du répertoire français des emplois (RFE), ayant pour objectifs la refonte de la nomenclature pour le recensement de 1982 [2] ainsi que la prévision de l'évolution des qualifications au sein des entreprises (dans la perspective d'une aide à l'orientation professionnelle des publics scolaires et d'une construction optimisée du système des formations).

1) Le référentiel de compétences, objet des chapitres 13 et 14, est, ici, considéré comme un outil distinct de la fiche de poste : il vise à expliciter les savoirs, savoir-faire et savoir être requis que la fiche de poste se borne à mentionner de façon succincte.

2) À partir du RFE, l'ANPE a fait élaborer par l'Association développement et emploi, avec l'assistance du Cereq, une *carte des emplois*, présentation ordonnée des emplois-types selon leur plus ou moins forte proximité.

Pourquoi utiliser des emplois types ?

Dans la perspective de la GPEC, le recours à la notion d'emploi type a pour objectif essentiel de réduire la complexité et de ne pas se perdre dans les détails. La proximité de contenu des postes regroupés dans un même emploi-type donne à penser qu'ils seront impactés de la même façon. Il s'agit, par ailleurs, d'une catégorie, en principe, insensible au *turnover* des salariés qui, compte tenu de l'hétérogénéité des personnes, peut avoir pour effet d'influencer la structuration des postes de travail concrets [(1)].

La construction et la formalisation des emplois types est aussi, souvent, l'occasion de mettre au jour des incohérences et des décalages. Par exemple, s'apercevoir que des postes de même contenu ont des appellations différentes. Ainsi, la définition des emplois types aboutit à une diminution du nombre des appellations et, partant, à une homogénéisation du langage.

Elle fait également apparaître des glissements de fonction. Il faut alors s'interroger sur les raisons de leur existence et sur la façon de les intégrer au niveau de la nomenclature des emplois.

CONSTRUIRE LE RÉPERTOIRE DES EMPLOIS (DES MÉTIERS)

Les emplois types (qui regroupent des postes de travail) sont eux-mêmes regroupés dans des ensembles plus ou moins larges qui correspondent aux domaines, aux familles et aux sous-familles professionnelles de l'organisation (attention, la terminologie n'est pas stabilisée !).

L'optique retenue pour procéder à ces regroupements doit être celle de l'analyse des processus. Idéalement, à chaque sous-ensemble des emplois types, correspond un *output* (c'est-à-dire un certain type de production ou de prestation) auquel on associe un *input en emplois* (c'est-à-dire un volume d'emplois divers consommés, dédiés à des activités données). Il en résulte que le répertoire des emplois n'est pas le décalque de la structure hiérarchique (organigramme) ou de la composition catégorielle de l'entreprise.

Par exemple, on distingue les domaines suivants d'une entreprise : recherche/développement/gestion des projets, fabrication/production, achats/approvisionnement, distribution/ vente, marketing/relation-client, supports/administration. Ce dernier domaine peut lui-même être subdivisé en plusieurs familles professionnelles : finances/comptabilité, RH... Il s'agit donc de repérer les « méga-activités » qui concourent au cycle de production (au sens large) de l'entreprise.

1) Pour analyser les causes de diversité des postes concrets de travail, Nicole Mandon parle de « *variabilité* » et d'« *élasticité* » (Cereq, *Bref*, septembre 1990). Dans le premier cas, il s'agit de la conséquence des choix organisationnels (par exemple, une même catégorie d'opérateurs pourra être affectée à des équipements/ produits/clients différents). Par opposition, l'« élasticité » désigne l'impact sur le poste de travail des caractéristiques singulières de la personne qui l'occupe. Celle-ci pourra, en effet, influencer, dans une certaine mesure, le contenu de son poste en fonction de ses capacités et de ses compétences propres.

Dans une administration telle qu'une université publique, on distingue le domaine enseignement/recherche (subdivisable en différentes spécialités disciplinaires) et le domaine support regroupant plusieurs familles : comptabilité, secrétariat pédagogique, services de documentation, imprimerie... Plus généralement, les trois fonctions publiques ont élaboré, chacune, un répertoire des métiers : le RIME (Répertoire interministériel des métiers de l'État) recense 230 emplois types et celui de la fonction publique territoriale, environ 250. Le répertoire de la fonction publique hospitalière est le plus ancien : il a été créé dès 2002 et comprend près de 200 métiers.

Dans la même perspective, on peut citer l'élaboration d'un premier dictionnaire européen des métiers concernant huit pays (Allemagne, Belgique, Espagne, France, Italie, Pologne, Pays-Bas et Royaume-Uni). L'objectif est ici de fournir des repères sur les métiers et les formations qui y conduisent ainsi que de construire des tables de correspondance montrant les similitudes mais aussi la variabilité des métiers entre les pays européens (*cf.* Cereq, *Brèves*, n° 233, septembre 2006). Un tel outil pourrait, à terme, guider les mobilités.

DRESSER LA CARTE DES EMPLOIS

Par rapport au répertoire des emplois, la carte (la cartographie) des emplois offre l'intérêt d'indiquer les passerelles entre les métiers et donc de dessiner des aires de mobilité. En d'autres termes, la carte des emplois permet de « naviguer » et de savoir quelles destinations sont possibles à partir d'une position donnée [1]. Elle indique aussi les modalités et les conditions du cheminement pour y aboutir. Mais pour déterminer ces parcours praticables, encore faut-il, préalablement, analyser les compétences requises dans chaque métier.

1) À titre d'illustration, voir, par exemple, la cartographie des métiers de la presse : <www.metiers-presse.org>

12. Pourquoi analyser aussi les compétences ?

POURQUOI LES ENTREPRISES SE SONT-ELLES ENGAGÉES DANS DES DÉMARCHES COMPÉTENCES ?

Depuis toujours, les entreprises prennent en compte les compétences de leurs salariés, c'est-à-dire ce qu'ils sont capables de faire. Mais elles ne se sont pas, depuis toujours, engagées dans des démarches compétences. Ces dernières constituent des pratiques gestionnaires spécifiques reposant sur une instrumentation particulière telle que l'élaboration et l'utilisation de référentiels de compétences.

Les démarches compétences se sont développées en France à partir de la fin des années 80. On associe classiquement à cette évolution deux événements phares : la signature de l'accord ACAP 2000 (Accord sur la conduite de l'activité professionnelle) signé en décembre 1990 dans la sidérurgie [1] ainsi que la tenue, à Deauville, en 1998, des Journées internationales de la formation du CNPF/Medef dont les actes (en 12 fascicules) ont pour titre *Objectif compétences*. Au plan académique, le sociologue Philippe Zarifian publie, en 1988, une contribution considérée comme pionnière dans le domaine : *L'émergence du modèle de la compétence* [2].

Quelles sont donc les raisons de cet intérêt des entreprises pour la logique compétence ? On peut suggérer deux explications qui se rapportent au contexte des années 80.

Mieux affronter les changements du travail

La littérature managériale de l'époque stigmatise la rigidité du taylorisme et affirme son nécessaire dépassement. Face à la rupture de croissance, les entreprises cherchent, en effet, à développer la *variété statique* de la production (élargissement de la gamme et multiplication des variantes) ainsi que la *variété dynamique* (renouvellement accéléré des modèles). De tels changements de la production pour satisfaire une demande plus personnalisée, exigent un développement de l'*autonomie*, que ce soit au niveau décentralisé du poste de travail ou dans le cadre de groupes semi-autonomes. Bref, l'organi-

1) Cet accord avait été précédé sur le site de Sollac Dunkerque, dès 1986, d'expérimentations concernant l'analyse des activités (MIA : Méthode d'investigation des activités) et des compétences (SEC : Système d'évolution des compétences).

2) Il s'agit d'un chapitre (p. 77-82) d'un ouvrage collectif paru en 1988, issu d'un colloque CNRS de 1987. Voir F. Stankiewicz (sous la direction de), *Les stratégies d'entreprises face aux ressources humaines – L'après-taylorisme*, Éditions Économica.

sation tayloriste tend à être supplantée par un système qui fait davantage appel à l'intelligence et à l'initiative du salarié ainsi qu'à sa capacité d'adaptation dans le but de satisfaire au mieux les clients et de réaliser ses missions. En outre, le caractère évolutif des savoirs (les NTIC) valorise la capacité à apprendre et à se former.

Ce nouveau contexte conduit à critiquer les systèmes usuels de repérage des qualités du salarié (niveaux de qualification et classifications professionnelles), jugés trop globaux et peu précis. En d'autres termes, le poste occupé par le salarié est considéré comme un piètre indicateur des compétences qu'il maîtrise effectivement. Autre conséquence : les titulaires d'un même poste, réputés avoir la même qualification ne possèdent pas forcément les mêmes compétences. Une démarche plus individuelle s'impose : il convient d'évaluer le portefeuille des compétences maîtrisées par les salariés pour savoir réellement ce que chacun sait faire.

Donner aux salariés la possibilité d'évoluer

L'accord ACAP 2000 est explicite à cet égard puisqu'il y est question d'un « parcours minimum de carrière ». En effet, la suppression des cessations d'activité dès l'âge de 50 ans dans la sidérurgie (devenues trop coûteuses) pouvait faire craindre un blocage des carrières, par suite de la disparition de l'« effet cheminée » (mouvement d'aspiration provoqué par les départs en préretraite). L'accord cherche à dissiper ces craintes en même temps qu'il entend inciter les salariés (surtout les moins qualifiés) à vouloir progresser. Bref, les salariés auront la possibilité de progresser dans la grille des salaires en augmentant leur portefeuille de compétences.

Il faut souligner que le problème n'est pas spécifique à la sidérurgie. Ici et là, l'aplatissement de la structure organisationnelle, lié à un fonctionnement plus décentralisé de l'entreprise, a eu pour conséquence de réduire l'offre de mobilités verticales. La démarche compétence offre une alternative : elle donne la possibilité au salarié de progresser sans avoir à attendre qu'un poste se libère au niveau supérieur. D'une certaine façon, il est possible d'obtenir une promotion sans avoir à « tuer son chef » (selon les propos imagés d'un DRH). Cet objectif de progression est réaffirmé, dans un contexte différent, par la loi de 2009 qui stipule que la formation professionnelle doit permettre au salarié de progresser d'au moins un niveau de qualification au cours de sa vie professionnelle.

QU'EST-CE QUE LA COMPÉTENCE, DU POINT DE VUE DE L'ENTREPRISE ?

La définition proposée par le CNPF/Medef lors des Journées de Deauville est la suivante : *« La compétence professionnelle est une combinaison de connaissances, savoir-faire, expériences et comportements s'exerçant dans un contexte précis ; elle se constate lors de sa mise en œuvre, en situation professionnelle, à partir de laquelle elle est validable. C'est donc à l'entreprise qu'il appartient de la repérer, de l'évaluer, de la valider et de la faire évoluer. »* [1]

Cette définition conduit notamment à souligner et à commenter les points suivants.

La compétence : une combinaison de ressources qui permettent d'être opérationnel

Être compétent signifie qu'on « sait faire », qu'on est donc *capable d'affronter et de maîtriser une situation-problème donnée*. De façon plus générale, la notion de compétence signifie, en outre, qu'on est autorisé, habilité à faire. Par exemple, tel médecin est compétent parce qu'il sait soigner des problèmes de santé. Mais il est, de plus, autorisé à le faire parce qu'il possède les titres requis. En conséquence, tel guérisseur, non habilité par l'Ordre des médecins, ne sera pas reconnu compétent même s'il démontre, par ailleurs, une certaine efficacité thérapeutique. Il reste, indépendamment de cet aspect validation ou reconnaissance des compétences, que ces dernières renvoient toujours à des savoirs en action, qui permettent d'être opérationnel.

L'aspect combinaison des ressources se reflète dans l'outillage que sont les référentiels de compétences (*cf. infra*, 13) qui procèdent par énumération des qualités que doivent nécessairement posséder les titulaires d'un poste donné. Par rapport aux compétences requises par le poste (par la situation de travail), l'évaluation du salarié permet de déterminer ses points faibles qui justifient éventuellement une formation.

La compétence : les comportements aussi

Les définitions académiques de la compétence considèrent que les connaissances et les processus cognitifs (analyse, raisonnement, abstraction...) sont des éléments essentiels qui confèrent à un individu, la capacité d'agir efficacement dans une situation donnée. Les qualités ou les caractéristiques listées par les référentiels de compétences relèvent d'une conception beaucoup plus large des compétences qui va bien au-delà du contenu donné à ce terme par l'ergonomie [2] ou par la psychologie du travail.

Les référentiels de compétences recensent, en effet, non seulement des compétences *stricto sensu* mais également des traits de personnalité (tels qu'enthousiasme ou sociabilité) et des attitudes comportementales (telles que ponctualité, honnêteté ou conscience professionnelle...). Bref, les savoir-être y sont jugés aussi importants que les savoirs et les savoir-faire ou, pour le dire autrement, les compétences comportementales

1) CNPF/Medef, Journées internationales de la formation, 1998, *Objectif Compétences*, *tome 1 : la compétence professionnelle, enjeu stratégique*, p. 5.

2) Par exemple, selon M. de Montmollin, il y aurait trois composantes dans les compétences : les connaissances qui permettent de comprendre « comment ça marche », les savoir-faire qui indiquent « comment faire marcher » et les méta-connaissances qui permettent de gérer les connaissances (en quelque sorte, un moteur d'exploitation des connaissances). Voir *Vocabulaire de l'ergonomie*, Octarès, 1997, 2e édition.

doivent être également prises en compte, en sus des compétences techniques (*cf. infra*, 13).

La gestion des compétences : le rôle central de l'entreprise

L'entreprise se voit conférer un rôle central dans la gestion des compétences qu'il s'agisse de les valider ou de les produire par la formation. On a pu y voir une tendance à la décentralisation et à l'individualisation de la gestion des ressources humaines, par comparaison avec les systèmes antérieurs de forte codification des classifications professionnelles, que ce soit au niveau des branches (conventions collectives à critères classants) ou de l'État (avec l'application des arrêtés de Parodi-Croizat). À cet égard, les démarches compétences peuvent être perçues comme moins collectives et moins objectives que les systèmes antérieurs de formalisation des niveaux de qualification.

Le rôle central conféré à l'entreprise s'interprète également comme une remise en cause ou une relativisation des certifications délivrées par le système éducatif. En d'autres termes, la possession d'un diplôme ne garantit pas nécessairement que les compétences requises par l'entreprise sont effectivement maîtrisées par le salarié. Il faut s'en assurer et le vérifier dans le cadre des procédures d'habilitation mises en place par l'entreprise...

POURQUOI LE « C » DE GPEC ?

Il y a, au minimum, deux raisons pour lesquelles la GPEC doit non seulement analyser les emplois et leur évolution mais également s'intéresser aux compétences.

Les compétences de l'entreprise et pas seulement celles des salariés

La problématique des compétences concerne différentes entités : le salarié, mais également l'entreprise ou un collectif de travail. Une démarche usuelle consiste à évaluer les compétences maîtrisées par un salarié, comparées à celles requises par le poste de travail qu'il occupe. Mais on peut également s'interroger sur ce que l'entreprise ou telle équipe de travail sont capables de faire.

Pourquoi considérer, de façon distincte, les compétences à ces différents niveaux : salarié, équipe, entreprise ? Parce que chacun sait qu'il ne suffit pas de mettre ensemble des salariés individuellement compétents pour créer une équipe ou, à un niveau plus large, une entreprise opérationnelle. Des procédures sont, en effet, nécessaires pour organiser la collaboration des talents individuels, ce qu'on appelle les routines ou les compétences organisationnelles. Il est donc justifié d'analyser les compétences maîtrisées à ces différents niveaux. Les termes, en anglais, sont, du reste, différenciés : on parlera de *capabilities* pour désigner les compétences de l'entreprise et de *skills* pour désigner les compétences d'un salarié.

Analyser les compétences de l'entreprise implique de s'interroger sur son cœur de métier, c'est-à-dire sur ce qu'elle sait faire (aujourd'hui) et qui lui confère un avantage compétitif par rapport à ses concurrents.

Sa capacité à s'adapter, à évoluer et à créer sont également des compétences organisationnelles essentielles d'un point de vue dynamique [1]. Les deux compétences cruciales de l'entreprise sont ainsi sa capacité à organiser la collaboration des salariés et sa capacité à s'adapter ou à évoluer. Cette dernière dépend elle-même de sa capacité à apprendre, c'est-à-dire à changer ses routines organisationnelles (*cf.* le concept d'apprentissage organisationnel).

La GPEC examine, en se plaçant au niveau global de l'entreprise, comment les changements à venir impactent son cœur de métier (*Core competences*) et quelles orientations stratégiques doivent en résulter.

Cela conduira l'entreprise à s'interroger sur ses compétences distinctives : d'où vient la différence avec les concurrents ? Nature des produits, savoir-faire du personnel, souplesse de l'organisation, dynamisme de la R-D... ? Les théories qui traitent des ressources et des compétences de l'entreprise fournissent aux managers un cadre de pensée et un vocabulaire (et parfois aussi leur distillent un jargon verbeux). Il reste que la qualité de la réflexion stratégique repose crucialement sur la capacité d'analyse et d'action des stratèges eux-mêmes.

Recenser les compétences en construisant des référentiels de compétences

Le point ici essentiel est que le référentiel de compétences fournit une analyse plus fine de l'emploi qui apporte des informations plus détaillées que celles fournies par la fiche de poste.

Il en résulte un ensemble d'avantages pour la gestion courante de l'entreprise qu'il s'agisse de l'optimisation des mobilités, de la politique de formation ou de la gestion des rémunérations... (*cf. infra*, 13).

S'agissant de la gestion prévisionnelle, les référentiels de compétences offrent une base de départ pour analyser la transformation prévisible des emplois, radicale ou seulement partielle (ne concernant qu'une partie des caractéristiques du métier). Mais les référentiels de compétences permettent aussi de mieux contrôler que le *turnover* naturel des salariés (départs en retraite) ou la réduction souhaitée de l'effectif (quelles qu'en soient les modalités : licenciements ou départs volontaires) ne s'accompagnent pas d'une déperdition de compétences clés, susceptible de nuire au bon déroulement du processus de production.

1) Voir Teece D.-J., Pisano G. et Shuen A., « Dynamic capabilities and strategic management », *Strategic Management Journal*, n° 18, 1997, p. 509-534.

L'élaboration de référentiels de compétences est une opération délicate qui doit traiter, par exemple, le problème de l'existence des connaissances tacites, au sens fort de Michaël Polanyi qui les oppose aux connaissances explicites [1]. Mais là n'est pas l'unique difficulté, comme on le verra. En fin de compte, les référentiels de compétences sont, ici et là, de qualité inégale. La démarche mise en œuvre pour leur construction est un aspect essentiel.

1) Les connaissances tacites peuvent résister à leur « externalisation », c'est-à-dire à leur conversion en savoirs explicites : « *We know more than we can tell.* »

13. Comment construire un référentiel de compétences ?

COMMENT SE PRÉSENTE UN RÉFÉRENTIEL DE COMPÉTENCES ?

Le référentiel de compétences, comme outil de management, se présente sous la forme d'une liste ordonnée de compétences supposées requises par une situation de travail donnée et dont le niveau est mesuré selon une échelle définie. Celle-ci comporte, par exemple, quatre degrés tels que : ne sait pas faire ou débute, pratique mais a besoin d'assistance (occupe), maîtrise, excelle, est expert ou domine (expertise élevée doublée d'une capacité à transmettre ses savoirs), soit DOME... ou encore : très insatisfaisant, insatisfaisant, satisfaisant, très satisfaisant (dans le cas où on suppose que les compétences retenues sont pareillement nécessaires). On peut aussi lister, aux côtés des compétences indispensables à la tenue du poste, des compétences complémentaires n'ayant pas le même degré de nécessité.

Les critères qui servent à ordonner les compétences (lorsque, du moins, on en utilise) empruntent souvent à la typologie classique : savoirs, savoir-faire, savoir être. On peut aussi opposer les compétences métiers ou techniques et les compétences comportementales (savoir-être dits « génériques » et/ou plus particulièrement requis dans l'emploi considéré).

On pourrait également ordonner les compétences selon les quatre dimensions suivantes du travail :

• **Les compétences techniques requises par le travail.** Connaissances professionnelles et savoir-faire auxquels on adjoint les éventuelles aptitudes physiques (motrices et autres), exigées par le poste.

• **Les compétences liées à la dimension collective du travail.** Le travail oblige à communiquer (avec les clients, les fournisseurs, le supérieur hiérarchique et les pairs) ainsi qu'à coopérer au sein du collectif de travail. Dans cette perspective, les compétences suivantes sont importantes : capacité à communiquer (expression écrite et orale, capacité à rendre compte), esprit d'équipe (sens relationnel, écoute, sociabilité...), *leadership* (capacité à mobiliser, pouvoir d'influence, aptitude à la résolution de conflits...).

• **Les compétences liées à l'aspect discrétionnaire ou à la sphère d'autonomie du travail.** Le travailleur est un décideur (petit ou grand) du fait que son travail n'est pas totalement prescrit. Dès lors, il doit affronter des situations-problèmes plus ou moins complexes et leur apporter des réponses. Le salarié est ainsi un « producteur de solutions ». Cet exercice du pouvoir lié à l'autonomie dans le travail implique certaines qualités : faculté de jugement (esprit d'analyse, capacité de synthèse, aptitude au raisonnement, maîtrise des émotions, aptitude à décider, capacité à proposer : initiative, créativité...).

• **Les compétences (attitudes, comportements, valeurs) liées à l'implication dans le travail.** L'entreprise met en place des incitations qui visent à orienter le comportement du salarié. Toutefois, celui-ci possède, en propre, certains traits de personnalité et adhère à certaines croyances et valeurs morales. Toutes ces variables auxquelles il faut ajouter les intérêts professionnels du salarié (ce qu'il aime faire) déterminent sa motivation. À cet égard, on portera une attention aux attitudes comportementales favorisant l'effort (ponctualité, persévérance...), à la conscience professionnelle (rigueur et soin apporté au travail, sens des responsabilités...) et au désir de progresser (recherche d'améliorations et adhésion aux valeurs...).

DÉTERMINER LES COMPÉTENCES REQUISES

Connaître les *inputs* et les *outputs* du poste

Les compétences et, plus généralement, les qualités à prendre en compte résultent, en principe, d'une analyse des *activités* et des *missions* constitutives du poste. Pour diagnostiquer les compétences requises dans une situation de travail donnée, il faut donc répondre aux deux questions majeures suivantes.

Quels sont les *inputs* ou les entrées du poste ?

En quoi consiste le travail ? Quelles sont les différentes activités ? Leur contenu ? Le temps qui doit leur être consacré ?

Quelles doivent être les attitudes et les comportements du travailleur ?

De quoi et de qui le travailleur a besoin ?

Quels sont les *outputs* ou les sorties du poste ?

Que doit-il produire ? Quels sont les résultats, les performances, les « produits livrables », les effets attendus ?

Quels sont aussi les types de contre-performances possibles qu'il faut combattre ?

Quels sont les clients ?

Pour collecter les informations nécessaires, on organise des échanges avec les titulaires du poste et avec leurs supérieurs hiérarchiques. On sollicite également le point de vue des clients du poste, destinataires de ses *outputs*. Des travailleurs experts ayant une connaissance approfondie du métier peuvent également être sollicités. Enfin, la fonction RH est présente au niveau des groupes de travail pour coordonner et harmoniser la démarche.

Enfin, il convient de prévoir une phase explicite de *validation* : les référentiels de compétences seront, en effet, d'autant mieux acceptés qu'auront été associés à leur élaboration ceux qui auront à les appliquer et ceux à qui ils s'appliqueront.

La compétence comme qualité inférée

L'explicitation des compétences s'analyse comme un processus d'inférence des qualités requises à partir de l'analyse des *inputs* et des *outputs* du poste considéré. Considérons, par exemple, les trois postes suivants : cuisinier, enseignant, médecin, auxquels correspondent les compétences (générales) suivantes : savoir cuisiner, savoir enseigner, savoir soigner des maladies. L'évaluation de ces compétences, la reconnaissance de leur existence sera nécessairement indirecte. En d'autres termes, elle sera toujours médiatisée par l'appréciation des activités, des comportements et des performances du titulaire du poste : « ce que je sais faire » (compétence) est déduit de « ce que je fais » (activités/comportement) et/ou de « ce que je produis » (résultats/performances).

Par exemple, la compétence savoir cuisiner ne peut être jugée qu'au travers de la qualité des plats que je confectionne et/ou au travers de mes actes, opérations et gestes en cuisine. De même, l'attribution des compétences savoir enseigner et savoir soigner suppose d'observer l'existence de certains modes opératoires et/ou de repérer les transformations observables au niveau des élèves ou des patients.

LORSQUE LA PRODUCTION DES OUTILS DÉGÉNÈRE...

La démarche compétence dégénère en solution de facilité...

En principe, le « guide de l'utilisateur » (qui intéresse l'évaluateur mais aussi l'évalué) établit ces liens entre compétences d'une part et activités/performances d'autre part. Mais, en pratique, cette explicitation peut n'être pas faite ou pas bien faite. La référence aux compétences apparaît, dès lors, comme une solution commode qui dispense l'entreprise de construire un système objectivé de mesure des performances ou un ensemble d'exemples types ou d'indicateurs. L'évaluateur dispose alors d'une grande marge d'appréciation.

Ainsi, l'entreprise pourra libeller une compétence aussi vague qu'« orienté résultats » que l'évaluateur devra situer par une croix dans une échelle donnée mais sans justifier son appréciation au travers d'un système d'évaluation des performances individuelles (qui, s'il était formalisé, devrait être régulièrement actualisé). En ce sens, le recours à un référentiel de compétences dans le cadre des entretiens d'évaluation peut constituer une commodité pour l'entreprise mais qui risque d'entamer le sentiment de justice procédurale du salarié. Là n'est pas l'unique problème.

Le référentiel de compétences dégénère en « usine à gaz »...

Dans certains cas, le référentiel de compétences comporte un niveau élevé d'items (qui dépasse la trentaine !). Ce désir d'exhaustivité traduit bien souvent que l'objectif premier (construire un outil de management dans un but donné) a été perdu de vue. La DRH souhaite peut-être aussi signifier que son analyse est fouillée et qu'elle a effectué un travail immense !

Un référentiel de compétences trop détaillé rend, certes, le système d'évaluation plus difficilement contestable. Mais cela conduit l'évaluateur à privilégier une appréciation globale insuffisamment fondée (effet de halo). De son côté, l'évalué a le sentiment que l'analyse du travail est précise et que rien ne doit être négligé. Toutefois, face à ces exigences nombreuses, n'a-t-il pas quelques difficultés à percevoir l'essentiel ?

14. Quels sont les usages possibles des référentiels de compétences ?

Les référentiels de compétences, comme outils de management, possèdent deux finalités majeures : améliorer l'adéquation entre les besoins et les ressources et servir, peu ou prou, de base à la rémunération. Le premier objectif, inhérent aux démarches compétences, n'implique pas le second.

AMÉLIORER L'ADÉQUATION

L'entreprise peut élaborer des référentiels de compétences dans l'objectif d'améliorer l'adéquation entre les compétences requises et celles possédées par les salariés. Selon l'étymologie latine, *competens* (participe présent de *competere*) signifie « approprié », « qui convient ». En d'autres termes, certaines pratiques de gestion utilisent les référentiels de compétences comme moyen d'améliorer l'appariement (*matching*) entre les besoins de l'entreprise et les ressources apportées par les salariés. Les pratiques les plus typiques sont les suivantes.

Optimiser les recrutements externes et les mobilités internes

En définissant les compétences requises (et au-delà les moyens de vérifier leur existence), les référentiels de compétences constituent une instrumentation qui contribue au bon fonctionnement de la bourse interne de l'emploi, améliore la gestion des évolutions professionnelles et facilite la sélection des candidats extérieurs...

Optimiser la gestion de la formation

L'entreprise veut établir une certaine correspondance entre les compétences et les actions de formation qui permettent de les acquérir. Sont ainsi tracés des parcours de formation finalisés par la production et la validation des compétences.

Optimiser la composition des collectifs de travail

Le but est ici de s'assurer qu'un collectif (équipe de travail, groupe de projet, cercle de qualité) possède les compétences requises pour réaliser sa mission. Pour mesurer le taux de présence d'une compétence donnée dans le groupe, on construit un tableau à double entrée : en ligne, la liste des compétences et en colonne, les membres du collectif [1]. Cette démarche désigne l'importance des « savoir qui » (*know whom*) : savoir qui possède les savoirs pour résoudre tel ou tel problème est, en effet, une connaissance utile lorsque le travail est collectif et, plus encore, lorsque la collectivité est grande. Ignorer les « savoir qui », dans un grand groupe, peut faire qu'on y « réinvente la roue »... On rejoint là les arguments classiques en faveur d'une gestion des connaissances.

Obtenir une certification

L'entreprise s'engage dans une démarche compétence parce qu'elle vise l'obtention d'une certification. Afin de fiabiliser son processus de production, l'entreprise s'assure que chaque opérateur est « qualifié », c'est-à-dire possède toutes les compétences requises pour réaliser les tâches qui lui sont confiées dans le respect des standards de qualité et de sécurité. L'entreprise est ainsi amenée à écrire des référentiels de métiers pour détecter les écarts entre compétences acquises et requises et y remédier. La démarche s'impose tout particulièrement lorsque la non-qualité est susceptible d'avoir des conséquences désastreuses (par exemple, dans l'aéronautique ou l'industrie chimique).

VALORISER LES COMPÉTENCES

Le recours à des référentiels de compétences pour améliorer l'appariement n'impacte pas toujours le système des rémunérations. Il reste qu'il y a une certaine contradiction à exclure les compétences de la détermination des rémunérations dès lors que celles-ci sont au centre de l'évaluation des salariés. Toutefois, de façon générale, la logique compétence n'a pas révolutionné les systèmes de rémunération. Le référentiel emploi (*job*) reste dominant. En pratique, la rémunération des compétences apparaît plus souvent articulée à une logique de poste qu'elle ne conduit à sa disparition : bref, l'importance affirmée des compétences n'a pas conduit au *dejobbing* [2].

La démarche la plus fréquente, dont les objectifs sont bien plus modestes que ceux des projets révolutionnaires initiaux qui ont accompagné l'émergence du modèle de la

1) Par exemple, telle grande surface qui vend des panneaux solaires veut qu'un pourcentage minimum de vendeurs maîtrise cette technologie.

2) L'ambition d'un système de rémunération des compétences est de valoriser directement et explicitement les compétences. Dans un tel système, la rémunération d'un salarié donné est donc fonction de ses n compétences maîtrisées et validées par l'entreprise (C_1, C_2... C_n). L'emploi occupé (*job*) n'apparaît plus tel quel.

compétence, consiste simplement à expliciter les fiches de poste (succinctes) par des référentiels de compétences (détaillés). On établit de la sorte un lien explicite entre la grille des coefficients, les emplois de l'entreprise et les compétences requises. Considérons, par exemple, un emploi donné au sein duquel la classification distingue quatre niveaux de coefficients (E_1, E_2, E_3 et E_4). L'évaluation des compétences à l'aide d'un référentiel sert à positionner les salariés selon ces quatre niveaux : le salarié est classé à l'échelon E_1 s'il « débute », à l'échelon E_2 s'il « occupe », en E_3 s'il « maîtrise » et en E_4 s'il « domine ».

Dans certains cas, cette démarche favorise l'individualisation [(1)] en promouvant une conception modulaire de l'emploi aboutissant à une différenciation plus grande des emplois et des salariés. La référence à l'emploi n'a pas disparu. On s'identifie comme agent de maintenance ou conseiller de clientèle. Mais ces catégories d'emplois se déclinent en plusieurs niveaux selon l'importance du portefeuille des compétences validées. En résumé, la « bande » de l'emploi est davantage segmentée et élargie. Elle est, en outre, dorénavant structurée par référence explicite aux compétences qui se sont, peu ou prou, substituées aux critères de l'ancienneté et des performances.

Comme on l'a indiqué (*cf. supra*, 12), la démarche compétence a également été perçue comme un moyen d'accroître l'offre d'évolutions. Il reste que, dans le cas général, la demande de compétences par les salariés ne peut être qu'en partie satisfaite. Ainsi des compétences, par ailleurs maîtrisées, peuvent n'être pas validées, dans l'immédiat, en raison des contraintes imposées par l'enveloppe budgétaire salariale. Cela explique l'extrême prudence des entreprises qui prennent les devants et avertissent par avance les salariés que l'acquisition des compétences ne comporte pas automatiquement leur validation. De telles situations accréditent l'idée que la structure organisationnelle possède une réelle rigidité ne permettant pas d'accueillir n'importe quelles quantités et qualités de capital humain.

ADAPTER LE RÉFÉRENTIEL DE COMPÉTENCES

Avoir une idée claire des finalités d'un référentiel de compétences est une condition nécessaire à la production d'un outil de management adapté. Le type d'utilisation envisagé a, en effet, des conséquences sur la façon de libeller les compétences, sur le nombre de référentiels et sur l'actualisation de ces derniers.

Par exemple, si la démarche compétence vient en appui du fonctionnement de la bourse d'emplois, il est souhaitable que les référentiels de compétences fassent clairement apparaître les compétences communes aux différents emplois considérés pour que les candidats potentiels évaluent au mieux les distances. Mieux encore, on indique aux salariés désireux de s'orienter et de progresser, quels sont les cheminements (passerelles) praticables.

---

1) Lattes J.-M., Lemistre P. et Roussel P. (coord.), *Individualisation des salaires et rémunération des compétences*, Ed. Economica, 2007.

14. Quels sont les usages possibles des référentiels de compétences ?

Par ailleurs, lorsqu'ils sont utilisés comme moyen d'optimiser l'adéquation emploi/salarié, les référentiels de compétences doivent être régulièrement actualisés. Il n'en est pas de même lorsque les référentiels de compétences servent de repères pour la gestion des rémunérations. Il est préférable, dans ce cas, que le libellé des compétences soit, dans une certaine mesure, insensible aux innovations. En d'autres termes, les référentiels de compétences ne doivent pas ici changer au même rythme que les savoir-faire. De la même façon, on considère qu'une grille de classification doit pouvoir absorber, dans une certaine mesure, la transformation des emplois et non pas changer au rythme des transformations du travail (1). Ces principes doivent guider la construction des référentiels de compétences.

L'APPORT DES OUTILS INFORMATIQUES

La solution informatique ne dicte pas les décisions RH, mais elle constitue, pour différentes raisons, un moyen potentiel d'en améliorer la qualité.

Effets et avantages d'une solution informatique

Une démarche plus formalisée

Le fait de passer de la solution papier à la solution informatique oblige à préciser davantage le contenu, les règles et les procédures des différentes pratiques RH : par exemple, les différents types d'entretiens réalisés par l'entreprise. Il en résulte, dans l'ensemble, une démarche plus standardisée. Le recours à un logiciel incite à harmoniser les démarches mises en œuvre dans les différents sites de l'entreprise, ce qui a pour effet, en retour, de faciliter les mobilités entre filiales.

Accès aux données et archivage plus faciles

La solution informatique facilite l'accès et la conservation de l'ensemble des données utiles à la prise de décision concernant l'affectation des ressources humaines à un moment donné ainsi que leur évolution dans le temps. Ces données, consultées et partagées plus facilement par la DRH et les managers de proximité, sont notamment les fiches de poste, les référentiels de compétences, l'historique des formations suivies par les salariés ainsi que le contenu des entretiens d'évaluation et d'évolution professionnelle.

Meilleurs suivi et contrôle

Ce point est une conséquence du précédent. L'accès aux données permet de réaliser plus facilement les opérations de consolidation. On établit ainsi des tableaux de synthèse

1) Ainsi, selon l'article L. 2241-7, les branches professionnelles doivent se réunir, au moins une fois tous les cinq ans, pour examiner la nécessité de réviser les classifications... La temporalité de ces outils relève clairement du moyen terme.

ou on évalue le positionnement relatif d'un individu ou d'un site. Au total, le suivi et le contrôle des processus RH, surtout lorsqu'ils concernent des effectifs importants, s'en trouvent améliorés. Ceci est vrai en statique et en dynamique.

Aide à la décision en statique

La solution informatique optimise l'affectation des ressources humaines à un moment donné parce qu'elle rend plus facile le croisement entre différentes informations. Des modules de recherche répondent aisément aux questions suivantes :

- Quels salariés possèdent les compétences correspondant à un besoin donné ? À cet égard, la solution informatique améliore la visibilité des ressources disponibles en interne (ce qui est particulièrement utile lorsque les recrutements externes sont impossibles ou strictement contingentés).
- Comment composer telle équipe de travail ou tel groupe de projet ?
- Qui sont les salariés clés de l'entreprise dont le départ est à prévenir absolument ?

Aide à la décision en dynamique

La solution informatique améliore également la gestion des ressources humaines dans le temps.

- Les écarts entre compétences requises et maîtrisées, c'est-à-dire l'identification des compétences manquantes, guident la définition des besoins de formation de l'entreprise et influe sur ses choix de recrutements externes.
- Par ailleurs, même si le logiciel ne crée pas, de lui-même, la carte des emplois, il offre une conduite plus rigoureuse de la gestion des parcours parce que les aspirations et les capacités des salariés sont mieux connues par les décideurs. Le logiciel est aussi le moyen d'homogénéiser les pratiques en la matière, lorsque l'entreprise se compose d'un grand nombre d'unités...

Encore faut-il, pour que les potentialités de l'outil informatique soient pleinement utilisées, que les managers RH, eux-mêmes, soient évalués sur leur façon de gérer les compétences de leurs collaborateurs. Un système spécifique d'incitations peut être nécessaire à cet effet...

Partie 3

DEUXIÈME ÉTAPE DE LA GPEC : EXPLORER LE FUTUR

15. Quel peut être l'apport de l'entreprise à la prospective ?

QUELLES SONT LES QUESTIONS ?

L'objectif de l'exploration du futur à laquelle se livre l'entreprise est d'améliorer, autant que possible, sa connaissance des emplois cibles à l'horizon de la période prévisionnelle.

Cette connaissance des emplois cibles présente un aspect quantitatif. Il s'agit de savoir, en premier lieu, quels seront les besoins de développement et donc quelle sera l'évolution de l'emploi de l'entreprise, orientée plutôt à la hausse ou plutôt à la baisse.

Cela ne constitue toutefois qu'un aspect du problème. En effet, une évolution donnée de l'emploi est compatible avec des schémas d'ajustement divers, en termes de mobilités internes et externes. Des variables telles que les besoins de remplacement ou les passerelles entre emplois joueront, par exemple, à déterminer le schéma des mobilités prévisionnelles qui sera privilégié.

Déjà complexe, la démarche prospective se complique encore : il convient, en effet, de s'interroger aussi sur la transformation qualitative des emplois, c'est-à-dire la modification de leur contenu en termes de compétences.

Il appartient à l'entreprise d'organiser cette démarche prospective. Les acteurs ne seront peut-être pas les mêmes selon qu'il s'agit de réfléchir aux évolutions quantitatives de l'emploi ou de s'interroger sur la transformation qualitative des métiers. Cette dernière démarche peut, par exemple, être menée à un niveau plus décentralisé. Quoi qu'il en soit, l'entreprise a la possibilité de se doter d'un observatoire pour mettre en œuvre une GPEC qui apparaît multiforme.

15. Quel peut être l'apport de l'entreprise à la prospective ?

CONNAÎTRE LES BESOINS DE DÉVELOPPEMENT : COMMENT VA ÉVOLUER L'EMPLOI ?

Une formule simple

La variation de l'emploi résulte des évolutions comparées de la demande-production[1] d'une part et des gains de productivité d'autre part. On peut, en effet, écrire l'identité suivante :

$$E \equiv \frac{E}{P} \times P \equiv \frac{P}{P/E} \equiv \frac{P}{p} \equiv \frac{\text{Production}}{\text{Productivité de l'emploi}}$$

Il en résulte que :
- l'emploi augmentera si la production (P) augmente plus fortement que la productivité de l'emploi (p) au cours de la période prévisionnelle, la durée moyenne du travail étant, ici, supposée inchangée ;
- l'emploi restera stable si P varie comme p (à durée du travail inchangée) ;
- l'emploi diminuera si les gains de productivité sont supérieurs à l'augmentation de la production.

Pour savoir laquelle de ces trois situations prévaudra, il faut examiner les facteurs de variation des deux variables P et p, compte tenu des hypothèses relatives à l'évolution de la durée moyenne du travail.

Les facteurs de variation de la production (P)

Le niveau de la production est déterminé par le niveau de la demande adressée à l'entreprise (en supposant que les stocks restent invariants à moyen terme). Pour anticiper l'évolution de la demande au cours de la période prévisionnelle, les trois questions basiques suivantes doivent, au minimum, être examinées :
- Comment évoluera la demande pour les produits actuels ? Y aura-t-il de nouveaux marchés ? De nouveaux clients ? Comment vont évoluer les implantations géographiques ? Quel sera l'impact du cycle de vie des produits actuels ? Quelle sera la position vis-à-vis de la concurrence ?
- Quelles sont les innovations de produits envisagées ? Que seront les stratégies des concurrents ?
- Y aura-t-il externalisation (sous-traitance) de certaines activités ou, à l'inverse, politique d'internalisation/rapatriement ? De tels choix n'influent pas nécessairement sur la production, mais ils jouent sur la valeur ajoutée de l'entreprise et donc

1) On suppose que les stocks ne jouent pas à moyen terme. En revanche, les stocks peuvent constituer une variable d'ajustement *à court terme*. Dans ce cas, si la demande est inférieure à la production, il en résulte une augmentation des stocks. À l'inverse, les stocks baissent si la demande de l'exercice est supérieure à la production.

sur l'emploi. On peut tout aussi bien considérer que les choix d'externalisation influent sur la productivité horaire apparente [1].

Les facteurs de variation de la productivité horaire (p)

Pour anticiper les gains de productivité horaire, il convient d'examiner plus particulièrement les deux variables suivantes :

- Des innovations de procédés sont-elles prévues ? Quel est, à cet égard, le plan d'investissement à moyen terme ?
- Prévoit-on des innovations organisationnelles ou, plus modestement, des réorganisations (regroupement de certains services et restructuration de certains processus, modification de la gestion des temps et activités, développement de la polyvalence...) ?

Ce questionnement conduit à mobiliser le paradigme de l'entreprise comme fonction de production, c'est-à-dire comme lieu de transformation d'*inputs* en *outputs*. Il oblige le groupe mais aussi les *business units* (et peut-être aussi les sous-traitants) à tenter d'expliciter les choix stratégiques et à dépasser l'horizon de court terme du contrôle de gestion. Il requiert donc l'implication des niveaux de décision les plus élevés de l'entreprise. Cet exercice prévisionnel est, par ailleurs, d'autant moins difficile que le cycle de production est long : dans ce cas, l'activité de l'entreprise peut être planifiée sur plusieurs années en raison des contrats de longue durée qui la lie à ses clients.

À un niveau plus détaillé, l'entreprise doit s'interroger non seulement sur les tendances de l'emploi total mais également sur la modification éventuelle de sa structure catégorielle. Cet aspect est en lien avec la prospective des métiers.

PASSER DES BESOINS DE DÉVELOPPEMENT AUX MOBILITÉS PRÉVISIONNELLES

Il faut à nouveau souligner (en complément de ce qui a déjà été dit au chapitre 9) que la connaissance des emplois du futur, fut-elle parfaite, n'indique pas, *ipso facto*, la nature des ajustements, en termes de mobilités internes et externes, que l'entreprise a intérêt à favoriser. En reprenant l'exemple didactique utilisé pour décrire la matrice des mobilités (*cf. supra*, 8), on présente les étapes à suivre et les investigations nécessaires.

1) Par exemple, si une firme automobile externalise la production des moteurs, la valeur ajoutée diminue, ce qui impacte négativement l'emploi. Présentation alternative : l'entreprise produit le même nombre d'automobiles, mais sa productivité horaire augmente : il faut, en effet, moins d'heures de travail pour produire une automobile dès lors que la production de moteurs est externalisée.

15. Quel peut être l'apport de l'entreprise à la prospective ?

Les besoins de développement ?

Ceux-ci correspondent aux écarts entre les emplois actuels et les emplois cibles que la réflexion prospective a pour objectif de préciser. À défaut de déterminer des grandeurs fiables, l'entreprise peut chercher à préciser de simples tendances d'évolution : en croissance, stable, en baisse. Dans l'exemple didactique, les besoins de développement (c'est-à-dire la variation des emplois au cours de la période prévisionnelle), sont les suivants :

	A	B	C	D
Besoins de développement	– 10	+ 5	– 5	+ 10
Emplois actuels Emplois-cibles	10 0	20 25	30 25	0 10

Les besoins de remplacement ?

Les besoins de remplacement résultent des départs ou plus généralement des sorties de l'entreprise.

On distingue classiquement les départs en retraite et les autres sorties (démissions, décès...) dont l'estimation est délicate. De fait, les sorties pour cause de retraite sont généralement privilégiées par l'analyse. Elles sont déduites de la pyramide des âges sur la base d'hypothèses concernant la cessation d'activité. Il n'y a pas de caractère mécanique si le salarié a la possibilité de choisir, à l'intérieur d'une certaine plage, l'âge de son départ en retraite (1). En France, un salarié peut demander à bénéficier de la retraite à partir de 60 ans sans pouvoir être mis d'office à la retraite sans son consentement avant 70 ans (2).

D'un point de vue macroéconomique, l'âge de départ à la retraite augmentera au cours des prochaines années, en raison à la fois d'une augmentation de l'âge moyen de fin d'études et d'un durcissement des conditions d'éligibilité à une retraite à taux plein. Il reste que les flux de départs en retraite seront relativement importants jusqu'en 2020.

Le nombre des postes à pourvoir ?

En prenant en compte les besoins de développement et les départs en fin de carrière, on aboutit à une estimation du nombre de postes à pourvoir (3). Sur la base des données de l'exemple didactique, on aboutit aux chiffres suivants :

1) Pour tenter de réduire l'incertitude à cet égard, l'entreprise peut offrir au salarié un « bilan retraite »... De façon générale, l'entreprise doit interroger le salarié sur ses intentions trois mois avant sont 65e anniversaire et chaque année suivante.

2) Selon l'Insee, un tiers des actifs de 2005 auront pris leur retraite en 2020. En 2005, les 50-64 ans représentent, en effet, 23 % de la population en emploi. Le phénomène sera toutefois plus ou moins prononcé selon les secteurs d'activité et les entreprises.

3) Pour un exemple, voir « Tendances d'évolution de l'emploi et des qualifications dans la métallurgie », *Cereq*, *Bref*, n° 239, mars 2007.

	A	B	C	D
Besoins de développement (variation des emplois) Besoins de remplacement pour départ en retraite	– 10 1	+ 5 3	– 5 5	+ 10 0
Postes à pourvoir	– 9	+ 8	0	+ 10

Les projections peuvent être affinées en distinguant une hypothèse haute et une hypothèse basse. Les départs en retraite augmentent les besoins de recrutement là où l'emploi augmente et réduisent l'importance des sorties là où l'emploi chute. Toutefois, le point important ici est qu'à ce stade de la projection, on ne connaît que les besoins apparents de recrutement puisque ceux-ci sont calculés indépendamment des possibilités de mobilité interne entre emplois. Or, cet aspect est essentiel au niveau de l'entreprise.

Les mobilités internes et externes ?

Pour déterminer les possibilités de mobilité interne, il faut, comme on l'a vu dans le chapitre 9, procéder à certaines évaluations économiques : identifier les passerelles entre emplois, comparer les coûts-avantages d'un recrutement interne et externe ainsi que prendre en compte les caractéristiques individuelles des salariés.

Sur cette base, on décide de privilégier certaines « exportations » de personnel d'un emploi vers d'autres et donc aussi certaines « importations » dans un emploi à partir d'autres. Bien évidemment, les exportations augmentent le besoin en recrutements (externes) et les importations le diminuent. En reprenant les données de l'exemple didactique, on aboutit aux projections suivantes qui montrent que les ajustements en termes de mobilités internes sont susceptibles de jouer un rôle essentiel. Finalement, il sera nécessaire de recruter sur le marché du travail pour les emplois B et C et de prévoir des sorties, selon des modalités à déterminer, en ce qui concerne l'emploi A.

	A	B	C	D
Postes à pourvoir	– 9	+ 8	0	+ 10
Exportations vers d'autres emplois Importations en provenance d'autres emplois	0 0	4 0	10 – 4	0 – 10
Mobilités externes	– 9	+ 12	+ 6	0

15. Quel peut être l'apport de l'entreprise à la prospective ?

LA PROSPECTIVE SUR LES MÉTIERS : COMMENT VONT ÉVOLUER LES COMPÉTENCES ?

Cette prospective, qui peut nourrir l'analyse des déformations de la structure catégorielle des emplois, doit être impulsée et encadrée par l'entreprise. Cela suppose de clarifier les aspects suivants.

Les parties prenantes de la prospective des métiers

Un système de veille

Pour les besoins de la prospective des métiers, l'entreprise met en place des groupes *ad hoc*, réunissant des représentants de la fonction RH, des experts du métier et des salariés en interface. Toutefois, dans un contexte où les changements sont fréquents et significatifs, un système de veille s'appuyant sur des structures permanentes (pilotes de compétences ou réseau d'experts métiers) peut être justifié. Il pourra bénéficier de l'apport des communautés de métiers, éventuellement mises en place dans le cadre du management des connaissances.

L'apport des managers de proximité

Même si elle est impulsée et orientée par la direction et la fonction RH, la prospective des métiers pourra impliquer les managers de proximité, à qui il peut être demandé d'esquisser un schéma d'évolution de leur service et d'indiquer les transformations, à l'œuvre, des compétences. Cette démarche s'inscrit dans le cadre plus large de *l'analyse des processus* (au sens de Michael Hammer et de James Champy) dont on cherche à identifier les facteurs d'évolution technologiques, économiques, juridiques... et à en repérer les impacts. L'approche peut évidemment être sélective, c'est-à-dire se focaliser sur les seuls processus ou métiers perçus comme sensibles.

La validation auprès des personnels concernés

L'analyse de la transformation des métiers est réalisée, pour des raisons d'efficacité, dans le cadre de groupes restreints. Toutefois, on s'accorde à penser que la prospective n'aura d'effets sur l'évolution de l'entreprise que si elle est participative. En d'autres termes, il convient d'informer le personnel de la démarche, d'en diffuser les résultats, de recueillir les observations et de faire valider par les personnels concernés les évolutions qui, en fin de compte, seront nécessaires pour combler les écarts perçus entre les compétences actuelles et les compétences émergentes.

Le questionnement

Il s'agit plus souvent de réfléchir aux impacts futurs de tendances déjà à l'œuvre que de se projeter dans un avenir lointain. En réalité, la prospective des métiers est moins une méthode qu'une démarche ordonnée.

La rétrospective avant la prospective

La rétrospective est le préalable nécessaire à toute démarche prospective : non pas parce que le futur est l'extrapolation du passé mais parce que l'analyse du passé est susceptible de mettre au jour des déterminants qui pourront aussi jouer dans le futur. Le point essentiel n'est pas tant de savoir ce qui s'est produit mais pourquoi. En d'autres termes, la nature des évolutions compte peut-être moins que les facteurs d'évolution : pour savoir où on peut aller, il faut comprendre d'où l'on vient...

Les transformations du métier

Pour analyser les transformations d'un métier, on reprend la distinction classique des sorties (*outputs*) et des entrées (*inputs*) de ce métier.

Le métier changera du fait d'une modification des clients, des marchés, des produits et des prestations attendues (« sorties »). Ces modifications renvoyant, elles-mêmes, à d'autres variables : changement de la réglementation, de la démographie, de la position concurrentielle...

Un autre facteur de changement du métier est lié au processus de production (entrées) qui évolue en fonction des innovations techniques, des changements organisationnels, des modifications des caractéristiques des salariés (vieillissement)...

Cette prospective pourra tirer parti d'une analyse des offres d'emploi émises sur le marché du travail et bénéficier aussi de l'existence éventuelle d'associations professionnelles.

Les impacts sur les compétences requises

L'analyse des transformations du métier peut faire émerger plusieurs scénarios d'évolution. Cette pluralité a pour origine l'incertitude relative à l'impact, plus ou moins fort, des variables exogènes. Mais elle s'explique également par la sphère d'autonomie de l'entreprise, qui autorise différentes stratégies possibles. Des intérêts catégoriels de défense d'un domaine professionnel peuvent aussi s'exprimer dans ce cadre.

Quoi qu'il en soit, l'objectif ultime est de déduire, de ces scénarios, l'impact probable des transformations du métier sur les compétences requises des salariés. Des parcours d'évolution, permettant d'acquérir les compétences nouvelles, auront aussi à être dessinés. À cet égard, il suffit que l'horizon temporel soit juste supérieur à la période d'adaptation et de formation, nécessaire à leur acquisition.

LES OBSERVATOIRES DES MÉTIERS : QUELLES FONCTIONNALITÉS ?

Développement des observatoires d'entreprise dans le cadre des accords de GPEC

Pour mener ces travaux de prospective portant sur les emplois et les compétences, certains groupes, à la faveur de la Loi de cohésion sociale de 2005 ont mis en place des structures *ad hoc*. L'observatoire des métiers prévu par l'accord de GPEC [1] s'ajoute à celui qui, éventuellement, existe déjà au niveau de la branche professionnelle.

Lorsqu'il institue un observatoire des métiers, l'accord de GPEC en précise la composition et les modalités de fonctionnement : nature des informations et documents communiqués, périodicité et ordre du jour des réunions, heures de délégation, possibilité de disposer d'un expert, droit à une formation sur la GPEC...

Le rôle de l'observatoire est consultatif : il émet des avis sur les priorités de la GPEC ainsi que sur les éventuelles réorganisations et contribue au suivi des accords de GPEC et de méthode. Il ne peut se substituer aux obligations de l'employeur en matière d'information-consultation des IRP [2].

L'impact sur les relations sociales et l'attitude des syndicats

La création d'un observatoire des métiers oblige l'entreprise à des pratiques de GPEC plus formalisées. Mais surtout, en tant que structures paritaires associant des organisations syndicales, les observatoires ont pour effet de développer le dialogue social. La formation à la GPEC dont peuvent bénéficier les syndicats influe sur leurs représentations. En outre, invités à donner leur avis sur la GPEC, les partenaires sociaux s'impliquent davantage dans la mise en œuvre des moyens d'accompagnement et dans la détection, en amont, des emplois menacés. Ils peuvent également avoir un rôle plus actif au niveau de la sensibilisation des salariés.

Au total, les échanges et la concertation avec les syndicats au sein des observatoires de métiers peuvent avoir pour effet de modifier leur attitude vis-à-vis de la gestion des restructurations. La confrontation aux règles du jeu, aux contraintes et aux incertitudes du capitalisme est susceptible de faire prendre conscience du caractère irréaliste de certaines solutions... et, à l'inverse, du caractère inéluctable de certaines adaptations.

1) C'est le cas de groupes tels qu'Areva, Carrefour, Generali, PSA, Thales...

2) Il peut néanmoins être utile que des représentants des IRP (secrétaire du CE, secrétaire du CHSCT) siègent aux côtés des représentants de la direction et des organisations syndicales signataires, dans le comité de suivi de l'observatoire.

16. Quel est l'apport de la branche et des territoires à la prospective ?

BRANCHES, TERRITOIRES ET EMPLOI : UNE HISTOIRE DÉJÀ ANCIENNE

On a vu que l'obligation de négocier sur la GPEC instituée par la loi de programmation pour la cohésion sociale de 2005 s'impose également aux branches professionnelles [1]. En fait, les instances consultatives paritaires sur les questions d'emploi et de formation, au niveau des branches professionnelles et des territoires (CPNE, CPTE, Copire) sont de création ancienne.

C'est, en effet, **l'ANI du 10 février 1969 sur la sécurité de l'emploi** qui crée les commissions paritaires nationales de l'emploi (CPNE) ainsi que les commissions paritaires interprofessionnelles régionales de l'emploi (Copire) dont les missions ont été définies et élargies par différents accords successifs. Plus précisément, le développement de la prospective au niveau d'une branche professionnelle, d'un secteur d'activité ou d'un territoire est lié aux dispositifs suivants, mis en place au cours des dernières décennies :

- **Les contrats d'études prospectives** (CEP) créés en 1993 et faisant suite aux contrats d'études prévisionnelles institués dès 1988.
- **La création d'observatoires prospectifs de branche** qui a souvent résulté de la réalisation de CEP. Certaines initiatives sont anciennes telles que la création de l'Observatoire des métiers de l'assurance qui date de 1992. La loi de 2004 sur la formation tout au long de la vie préconise la généralisation, au niveau des branches, de ces observatoires prospectifs des métiers et des qualifications visant à analyser l'évolution quantitative et qualitative des emplois et ses implications en matière de formation. Il est souhaité que les CPNE, les Copire et les CPTE se saisissent de ces travaux et diffusent leurs recommandations.
- **La création de certificats de qualification professionnelle (CQP)** a été engagée par les branches dès les années 80, dans le cadre des contrats d'insertion en alternance et notamment du contrat de qualification (aujourd'hui disparu). L'anticipation de l'emploi

1) Il faut toutefois noter d'emblée que la négociation collective au niveau des branches professionnelles présente, comme le montre le rapport Poisson (mai 2009), une extrême diversité (allant d'un état moribond à un grand dynamisme) au sein d'un champ, lui-même, extrêmement morcelé (en quelque 700 conventions collectives).

appelle, en effet, des interventions au niveau de la formation de façon à prévenir les inadéquations. De façon plus générale, la branche constitue un acteur essentiel de la politique de la formation professionnelle pour la mise en œuvre de certains dispositifs (VAE) ou pour la gestion des fonds mutualisés par les Opca (contrat et période de professionnalisation) (*cf.*, *infra*, 23).

• **La création par l'État des EDEC, faisant suite aux EDDF**, pour aider les partenaires sociaux et les inciter à accompagner les mutations économiques, sociales et démographiques est, elle-même, ancienne. Les engagements de développement de la formation (EDDF) ont, en effet, été institués par la loi du 24 février 1984. La réforme de 2005 crée les engagements de développement de l'emploi et des compétences (EDEC) dont l'objectif est d'appuyer les initiatives des branches et des territoires. Il comprend un volet prospectif d'anticipation (CEP) et un volet d'accompagnement des mutations dans le cadre des actions de développement de l'emploi et des compétences (ADEC).

Le projet de réalisation d'un ADEC doit faire l'objet d'un accord-cadre entre l'État (le préfet de région au niveau territorial) et les organisations professionnelles. Peuvent également être signataires des chambres consulaires et des comités de bassin d'emploi... Un organisme relais est mandaté pour assurer la gestion financière de l'opération. L'accord-cadre peut être sectoriel, signé avec une branche (avec une déclinaison régionale) ou territorial, conclu dans un cadre régional.

Les actions éligibles au titre d'un ADEC sont potentiellement diverses : actions de formation (éventuellement ciblées sur des publics spécifiques) ou aide au conseil en matière de GPEC (transfert de compétences, conduite des entretiens professionnels)... Elles combinent des financements eux-mêmes divers : branche professionnelle et Opca, État (avec des financements possibles par le Pôle Emploi ou par le FISO), région, entreprises bénéficiaires.

On détaille, ci-après, certains de ces dispositifs, en lien avec la démarche prospective. Les aspects liés à l'accompagnement des mutations seront examinés dans la partie suivante.

CONTRAT D'ÉTUDES PROSPECTIVES ET OBSERVATOIRE DE BRANCHE

Anticiper les changements mais aussi développer la politique des RH

Le CEP, comme son nom l'indique, a pour objectif d'anticiper les changements. La démarche s'applique à une branche professionnelle ou à un secteur d'activité au niveau national tout en comportant une déclinaison territoriale des travaux réalisés. Toutefois, le CEP peut être aussi territorial et d'emblée s'appliquer à une région, voire à un espace infrarégional.

Il faut toutefois noter que les problématiques abordées dans le cadre d'un CEP débordent le strict domaine de la prospective et de la prévision. Certes, on y trouve une analyse des variables de changement et une étude de leur impact sur le volume des emplois, le contenu et la structuration des métiers...

Mais d'autres aspects, également abordés, ne relèvent pas d'une démarche prospective *stricto sensu*. Par exemple, il est possible que le CEP inclut également le problème de l'égalité professionnelle entre hommes et femmes (dont le traitement, il est vrai, s'inscrit dans la durée). Dans l'objectif d'une sécurisation des parcours professionnels, il cherchera à formaliser et à diffuser des dispositifs tels que les entretiens professionnels, les entretiens de seconde partie de carrière, le passeport formation... Au total, il s'agit donc de prévoir mais aussi de définir un cadre et des principes directeurs concernant la politique des ressources humaines au sens large. L'hétérogénéité de la branche constitue, à cet égard, une difficulté bien connue.

Nourrir le dialogue social pour aboutir à une vision partagée

Le CEP n'est pas seulement une étude (plus ou moins prospective). Plus précisément, il s'agit d'une étude qui vise à nourrir le dialogue social et la négociation. L'objectif est d'aboutir à une vision partagée qui fasse consensus au sein du partenariat organisé entre l'État et les partenaires sociaux, pouvant s'élargir également aux collectivités territoriales.

Le projet de réalisation d'un CEP doit, en effet, faire l'objet d'un accord-cadre entre l'État et les organisations professionnelles. Dans un souci d'impact territorial, il peut être signé par des structures porteuses d'un projet collectif d'entreprises, par les CCI et les comités de bassin d'emploi, par un pôle de compétitivité... L'État apporte son aide à cette démarche : subvention au mandataire désigné par l'accord-cadre pour gérer le projet de CEP ou appui technique, lequel a pour objectif, lorsque cela est nécessaire, d'aider les branches professionnelles à préciser leur projet et à élaborer un cahier des charges faisant émerger une problématique partagée là où le dialogue social ne se noue pas d'emblée.

L'accord-cadre fait l'objet d'une consultation des instances paritaires : CPNE, CPTE, Copire. L'étude est réalisée par un organisme spécialisé, choisi collégialement par le partenariat réuni pour le CEP. Un comité de pilotage doit être mis en place. Ainsi s'explique que la réalisation des CEP ait incité à la mise en place d'observatoires de branche.

Les données de branche produites par les observatoires... mais aussi par l'appareil statistique national

Les études menées par les observatoires de branche à partir des données agrégées des entreprises membres déterminent des tendances d'évolution, utiles à la réflexion prospective, concernant, par exemple :

- les salariés : analyse des mobilités externes (entrées et sorties) et internes, des caractéristiques d'âge, de sexe, de diplôme, d'ancienneté... ;
- les emplois : analyse des créations et destructions d'emploi, modification de la structure des qualifications, évolution des familles de métiers... ;
- la formation : comment ont évolué les dépenses de formation ? À quoi a servi la formation ? À qui a-t-elle bénéficié ? Quelle a été l'utilisation de dispositifs tels que la VAE, le CIF, le DIF, la période et le contrat de professionnalisation ?... (*cf. infra*, 23 et 26) ;

La démarche prospective peut également bénéficier des données statistiques produites par des organismes nationaux tels que l'Insee, la Dares (ministère du Travail) ou la direction des études de Pôle Emploi. Dans cette perspective, on pourra utiliser les portraits statistiques de branche (PSB) réalisés par le Cereq à partir de la mobilisation de sources statistiques dispersées. On dispose là d'une même grille d'indicateurs synthétiques selon une nomenclature sectorielle qui approche au mieux le champ des branches professionnelles, au sens des conventions collectives (*cf.* www.cereq.fr/PSB.htm).

L'INTERVENTION DE LA BRANCHE AU NIVEAU DE LA CERTIFICATION DES FORMATIONS

L'intervention de la branche au niveau de la création et de la modernisation des diplômes ou plus généralement en ce qui concerne la certification des formations est logique et souhaitable. La branche, nonobstant son hétérogénéité, constitue, en effet, un niveau pertinent pour définir les besoins de formation face aux évolutions de l'emploi et des qualifications. C'est aussi le lieu où des actions (qui dépassent les possibilités de l'entreprise isolée) sont engagées pour atténuer les difficultés de recrutement. Ainsi, des filières de formation seront organisées pour réduire la pénurie de main-d'œuvre qui caractérise certains métiers : spécialités de la métallurgie (manque de techniciens et d'opérateurs dans les industries mécaniques), métiers de bouche, qualifications du BTP... En pratique, l'intervention des branches au niveau de la certification s'opère, en France, selon une double voie.

La création de CQP et de CQPI

Cette modalité est crucialement liée au rôle joué par les branches professionnelles dans la conception et la mise en œuvre des formations en alternance (en temps partagé entre l'école et l'entreprise). En France, les entreprises sont, en effet, tenues de participer à leur financement en versant à des collecteurs de fonds (les Opca), la part du financement de la formation, dédié à la professionnalisation (*cf. infra*, 23).

La création, par les branches, de certificats de qualification professionnelle (CQP) est née dans ce contexte, à partir de 1986, en lien avec le contrat de qualification (contrat d'insertion en alternance, aujourd'hui disparu). La branche de la métallurgie a été un élément particulièrement actif dans ce processus.

Dans le cas de compétences communes à plusieurs branches, la possibilité existe de mettre en place des CQPI (interindustries ou interbranches). Il en existe, par exemple, dans le domaine de la logistique, de la maintenance, de la qualité, de la conduite d'équipements industriels et de l'animation d'équipe...

La participation à la construction des diplômes

Les branches collaborent également à la construction des diplômes délivrés par d'autres instances, en l'occurrence publiques, telles que le ministère de l'Éducation nationale. Dans ce cadre, elles participent aux commissions professionnelles consultatives et font valoir leur point de vue lors de l'étude d'opportunité ou dans l'élaboration des référentiels d'activités professionnelles.

En outre, les branches peuvent également impulser la mise en place de partenariats avec le système éducatif, par exemple, dans le cadre de licences ou de masters professionnels. Elles sont également susceptibles d'exploiter, à des degrés divers, les possibilités offertes par la VAE comme moyen d'acquisition de diplômes par les salariés de la branche (ce qui est vrai aussi pour les CQP et CQPI).

17. Le manque de visibilité du futur : question de méthodes ?

Une première voie d'explication du caractère incertain de l'avenir consiste à mettre en cause les méthodes de prévision et de prospective utilisées dont l'insuffisance serait la cause première du manque de visibilité du futur. Que vaut cette hypothèse ?

DES DÉMARCHES DE PROSPECTIVE ET DE PRÉVISION À DIFFÉRENTS NIVEAUX

Plusieurs niveaux : le pays, la branche, l'entreprise

On observe en premier lieu que des démarches prévisionnelles sont mises en œuvre à différents niveaux : au niveau du pays, de la branche et de l'entreprise auxquels on pourrait ajouter les travaux menés au niveau régional.

La projection des professions au niveau national est, en France, une pratique apparue à l'occasion du IVe plan (1962-1965) dans un contexte de pénurie de main-d'œuvre qualifiée. L'internationalisation croissante des économies nationales (qui a renforcé leur interdépendance) a mis un terme à la planification indicative. Toutefois, en dépit de la disparition du Commissariat général au plan, devenu Centre d'analyse stratégique, la prospective des métiers et des qualifications a survécu, ainsi qu'en témoigne le rapport récent, *Les métiers en 2015*, réalisé par le groupe Prospective des métiers et des qualifications [1].

La branche joue également, comme on l'a vu, un rôle dans la prospective/prévision des emplois. Cette intervention est ancienne puisqu'elle a été affirmée dès l'accord interprofessionnel de 1969, sur la sécurité de l'emploi. Depuis, avec la mise en place d'Observatoires de branches et la réalisation de contrats d'études prospectives (CEP), le caractère essentiel de la branche a été confirmé.

1) Chardon O. et Estrade M.-A., *Les métiers en 2015*, Centre d'analyse stratégique/Dares, La Documentation française, collection « Rapports et documents », 2007. Consultable également sur le site www.travail.gouv.fr

Enfin, l'obligation de négocier sur la GPEC introduite par la Loi de cohésion sociale de 2005 a également eu un impact sur les pratiques des grandes entreprises dont certaines ont mis en place leur propre observatoire des métiers.

Des analogies au plan de la démarche prévisionnelle

Les démarches développées à ces différents niveaux comportent certaines analogies, du moins lorsqu'on ambitionne de produire des prévisions quantitatives. Classiquement, on estime, à partir de données démographiques, les *besoins de remplacement* liés aux départs en retraite. Cela est l'opération la moins difficile. Elle ne permet pas toutefois de déterminer le nombre des postes à pourvoir, si on ne connaît pas, par ailleurs, la variation nette des emplois ou les besoins de développement.

Pour déterminer la variation tendancielle des différents emplois (augmentation, stabilité, diminution), on suppute l'impact de différents facteurs d'évolution : variation de la demande, changements techniques et organisationnels, modifications réglementaires...

En pratique, on prévoit le futur au moyen de scénarios de comparaison avec le présent et le passé : la croissance future sera-t-elle plus forte, plus faible ou identique à celle observée par le passé ? Comment se déformera la structure actuelle des qualifications sous l'influence des innovations technologiques et organisationnelles ?...

L'EXISTENCE POSSIBLE DE RUPTURES

Le futur s'inscrit, certes, dans la continuité du passé mais il peut aussi en être très différent. Chacun sait que le développement du système capitaliste est ponctué de crises plus ou moins profondes. L'évolution des systèmes n'est pas, en règle générale, uniforme, linéaire et progressive. La vie d'un système, de sa naissance à sa disparition, se présente plutôt comme un enchaînement de périodes ou d'âges, présentant des caractéristiques spécifiques. Bref, l'évolution d'un système procède aussi par ruptures ou discontinuités.

On sait cela. En même temps, il est manifeste que les exercices de prospective/prévision échouent à anticiper certains changements pourtant majeurs. Les ruptures de *trend* et les retournements produits par la crise de 2008 en constituent la dernière illustration en date.

Personne mieux que le mathématicien Bertrand Russell n'a souligné, au travers de sa parabole de la dinde inductiviste (*inductivist turkey*), les limites inhérentes à la démarche inductive ou à l'extrapolation [1]. La dinde inductiviste note, chaque jour, la composition de la nourriture qu'elle reçoit et l'heure exacte de son repas. Elle remarque que l'horaire, la nature et la quantité de la nourriture ne varient guère, quel que soit le jour et quelle

1) Voir Saussois J.-M., *Théorie des organisations*, La Découverte, collection « Repères », p. 12, 2007.

que soit la saison. Sur cette base, la dinde prédit qu'elle sera régulièrement nourrie, chaque jour, à telle heure précise... Cette prévision est faite, le 24 décembre, à la veille de Noël !

D'où vient l'erreur fatale de la dinde inductiviste ? Elle ne se pose pas la question du « pourquoi » des événements qu'elle observe et qu'elle consigne, par ailleurs, avec beaucoup de minutie. Elle ne se demande pas pourquoi elle est nourrie...

Bref, développer une démarche prospective ne consiste pas seulement à repérer les effets ou les manifestations d'un système ; il faut aussi en connaître et en comprendre les règles de fonctionnement.

Comment, en effet, piloter un système dont on ne comprend pas, *a minima*, le fonctionnement ? Ne faudrait-il pas que les manuels de GRH consacrent, obligatoirement, quelques pages à la présentation des principes, des fondamentaux et des institutions de ce système économique et social (ou de cette civilisation) qu'est le capitalisme ? Pour l'heure, il ne semble pas que le mot de rentabilité fasse souvent partie de l'index des ouvrages de GRH alors qu'il s'agit là d'un référent basique des choix de gestion.

Bref, pour prévoir l'évolution d'un système, il est souhaitable d'en connaître les règles du jeu et les contraintes. Il s'agit là d'une condition nécessaire... mais pas suffisante.

PAS DE PROSPECTIVE SANS CONTRÔLE DU SYSTÈME...

Il faut pouvoir agir sur le futur...

Pour bâtir une stratégie (qui soit autre chose qu'une énumération de vœux et d'intentions généreuses), il faut donc savoir comment fonctionne le système pour comprendre quelles causes ont produit les effets observés. Mais cela ne suffit pas ! Il faut également maîtriser, dans une certaine mesure, le système, c'est-à-dire pouvoir, un minimum, le contrôler. Si, en effet, la trajectoire de l'entreprise est fondamentalement dépendante de décisions prises ailleurs, alors toute planification stratégique qui ambitionne, peu ou prou, d'agir sur le futur, devient impossible.

À cet égard, on doit noter que c'est la mondialisation de l'économie ou encore, l'interdépendance, de plus en plus grande, des économies nationales qui a mis fin à la planification indicative à la française. Dans un tel univers, un décideur isolé, fût-il d'État, n'est plus en mesure, à lui seul, de contrôler un système, soumis aux turbulences venues d'ailleurs. Pour être, à nouveau, utile et efficace, la planification doit, dans ces conditions, être organisée à un niveau d'intégration spatiale supérieur. De la même façon, une démarche de GPEC est impossible à mettre en œuvre au niveau local d'un site si elle n'existe pas ou n'est pas explicitée au niveau du groupe. À cet égard, on conçoit bien qu'en matière de GPEC, la concertation et le dialogue entre entreprises sous-traitantes et donneurs d'ordres constituent des conditions préalables.

Bref, la prospective, ce n'est pas seulement s'autoriser à penser le futur, c'est aussi avoir le pouvoir de le déterminer. Cette condition n'est pas forcément satisfaite pour certaines catégories d'entreprises qui, compte tenu de leur taille ou de leur faible avantage compétitif, ne contrôlent ni leurs produits, ni leurs marchés, ni leurs technologies. Elles n'ont, de fait, pas d'autres choix que celui de s'adapter aux évolutions exogènes de l'environnement.

Le dilemme du stratège...

A contrario, les groupes ou les entreprises qui ont la taille critique pour agir sur l'environnement sont confrontés à d'autres types de problèmes, liés à ce que l'exploration du futur dessine plusieurs scénarios d'évolution possibles mais qui sont, compte tenu de la rareté des ressources disponibles, mutuellement exclusifs. Que faire ? Faut-il être audacieux ou prudent ? Engager des ressources importantes dans une voie nouvelle, c'est se donner les moyens de devenir une entreprise pionnière et d'être en situation de *leadership* si l'innovation réussit. Mais c'est aussi, en cas d'échec, devoir supporter des coûts liés à l'irréversibilité des choix stratégiques. D'un autre côté, attendre pour voir, c'est courir le risque de décrocher et de faire partie des entreprises suiveuses, contraintes d'adopter des comportements d'imitation...

Quoi qu'il en soit, l'opacité, plus ou moins grande, du futur ne paraît pas fondamentalement imputable aux imperfections des méthodes et des outils utilisés. En conséquence, même s'il faut chercher à améliorer le fonctionnement des observatoires, on ne doit pas en attendre une réduction drastique de l'incertitude de l'avenir. La difficulté de prévoir nous semble plutôt liée à la nature même de l'univers dont il s'agit de connaître l'évolution : celui-ci est la résultante des stratégies et des comportements développés par une multitude d'unités décisionnelles de plus en plus interdépendantes. On comprend donc que, du point de vue d'un décideur isolé, l'avenir puisse apparaître illisible. Il reste que la fiabilité des prévisions dépend également d'un autre type de variables qui renvoient à la logique managériale et à la conduite du changement.

18. Peut-on partager la stratégie ?

La loi dite de programmation pour la cohésion sociale du 18 janvier 2005 oblige les partenaires sociaux à engager des négociations portant sur « *les modalités d'information et de consultation du comité d'entreprise sur la stratégie de l'entreprise ainsi que ses effets prévisibles sur l'emploi et les salaires* » (art. L. 2242-15). Cette volonté d'impliquer, de façon générale, les organisations syndicales dans la démarche de GPEC est assurément un élément novateur. Il leur appartient, dans ce cadre, de déterminer les modalités d'information et de consultation du comité d'entreprise. Il faut noter que cela s'ajoute aux obligations déjà existantes en matière d'information/consultation des IRP concernant l'évolution des effectifs (*cf.* encadré).

On peut toutefois s'interroger : les dispositions qui seront négociées ne sont-elles pas destinées à être lettre morte ? Le comité d'entreprise sera-t-il réellement informé et consulté pour avis sur la stratégie de l'entreprise ? La réponse à ces questions doit être nuancée.

DIFFÉRENTS HORIZONS TEMPORELS ET DIFFÉRENTS PLANS

La première question qui se pose concerne l'objet sur lequel portent l'information et la consultation. En d'autres termes : quelles données et informations va-t-on exactement partager ? Ce que l'on désigne par stratégie renvoie, en effet, à un ensemble composite.

Plus précisément, la réflexion stratégique (dont l'objectif est de définir les orientations majeures de l'entreprise compte tenu des contraintes et des opportunités de l'environnement), est menée dans le cadre d'une démarche différenciée où les divers domaines d'intervention de l'entreprise sont examinés selon un horizon temporel plus ou moins éloigné [1]. En conséquence, la stratégie à terme de l'entreprise est généralement explicitée au travers d'un ensemble articulé de plans.

1) Voir le rapport d'Henri Rouilleault, *Anticiper et concerter les mutations. L'obligation triennale de négocier le dispositif de gestion prévisionnelle des emplois et des compétences*, La Documentation française, collection Rapports officiels, 2007.

Les orientations à long terme (à 10 ans et plus) examinent les scénarios d'évolution de l'entreprise en matière de recherche et de développement. En fonction des évolutions anticipées de l'environnement (émergence de nouvelles valeurs), des grandes tendances de la consommation et des stratégies des concurrents, quel doit être le positionnement de l'entreprise en matière de nouveaux produits ? Quelle politique de recherche/développement en résulte ?

LES OBLIGATIONS D'INFORMATION/CONSULTATION DU COMITÉ D'ENTREPRISE CONCERNANT L'EMPLOI

Dans le cadre de ses attributions économiques, selon l'article L. 2323-6, « *le comité d'entreprise est informé et consulté sur les questions intéressant l'organisation, la gestion et la marche générale de l'entreprise et, notamment, sur les mesures de nature à affecter le volume et la structure des effectifs, la durée du travail, les conditions d'emploi, de travail et de formation professionnelle* ».

En outre, l'article L. 2323-15 stipule que « *le comité d'entreprise est saisi en temps utile des projets de restructuration et de compression des effectifs* ».

Par ailleurs, l'article L. 2323-55 stipule que : « *au moins une fois par an, dans les entreprises de 300 salariés et plus, l'employeur remet au comité d'entreprise un rapport d'ensemble sur la situation économique et les perspectives de l'entreprise pour l'année à venir* ». Des informations concernant le niveau et l'évolution des rémunérations doivent être fournies.

S'y ajoutent des informations concernant l'emploi, telles que prévues par l'article L. 2323-56 qui stipule que « *le comité d'entreprise est informé et consulté sur :*

- *l'évolution de l'emploi et des qualifications dans l'entreprise au cours de l'année passée ;*
- *les prévisions annuelles ou pluriannuelles et les actions, notamment de prévention et de formation, que l'employeur envisage de mettre en œuvre compte tenu de ces prévisions, particulièrement au bénéfice des salariés âgés ou présentant des caractéristiques sociales ou de qualification les exposant, plus que d'autres, aux conséquences de l'évolution économique ou technologique.*

L'employeur apporte toutes explications sur les écarts éventuellement constatés entre les prévisions et l'évolution effective de l'emploi, ainsi que sur les conditions d'exécution des actions prévues au titre de l'année écoulée ».

Un rapport écrit comportant ces informations (et d'autres) doit être remis aux membres du comité d'entreprise, préalablement à la réunion de consultation.

Le plan de développement à moyen terme (à 3 ans, voire à 5 ans) explicite la stratégie de l'entreprise en matière de produits/marchés/clients pour les années à venir et détermine le programme d'investissements qui lui est lié : ouverture/fermeture de sites, politique de sous-traitance, gestion des immobilisations...

La prévision peut être « glissante » et donner lieu à des projections annuelles. Le plan opérationnel pour l'année à venir (*business plan* à court terme) servira de référence pour le contrôle de gestion.

Ainsi, l'obligation d'informer et de consulter le comité d'entreprise sur la stratégie et ses effets correspond à un large éventail de pratiques, différentes selon les aspects de la stratégie communiqués ou non aux partenaires sociaux. Différentes explications sont possibles.

LES RAISONS DE NE PAS DÉVOILER LA STRATÉGIE

La plupart des raisons avancées pour justifier la rétention d'informations de la part de la direction sont les suivantes :

– la stratégie est le domaine réservé de la direction. Elle n'a pas à faire l'objet d'une consultation et, *a fortiori*, d'une cogestion entre la direction et les salariés (du moins, en France). Plus précisément, il convient de distinguer la stratégie de ses effets sur l'emploi. Seuls ces derniers, relatifs à l'accompagnement des changements, doivent être, si nécessaire, communiqués aux salariés ;

– en partageant avec le comité d'entreprise la stratégie et ses effets sur l'emploi, on risque de faire naître des inquiétudes inutiles si, au final, les prévisions se révèlent erronées. Plus généralement, il faut se garder de diffuser des données entachées d'incertitude, peu fiables. Il est, par ailleurs, inutile d'informer sur des évolutions à trois ans si l'adaptation à celles-ci ne requiert pas plus d'une année, par exemple ;

– l'attitude des partenaires sociaux peut aboutir à ce que certaines informations ne soient pas « dicibles » par la direction : est-il possible de prévoir des opérations d'externalisation ou de fermeture de sites dès lors que certaines organisations syndicales sont radicalement opposées à toute mobilité externe, même lorsque cette dernière est accompagnée dans le cadre d'un reclassement ou d'une reconversion ? De façon plus générale, l'entreprise peut être tentée de passer sous silence les projets de rachat ou de transfert (*cf. infra*). Ainsi, il convient de distinguer les situations d'urgence réelles (induites par un événement majeur non anticipé) et des situations d'urgence provoquées, dues au fait que l'entreprise tarde à diffuser une décision acquise parce qu'elle ne souhaite pas négocier et/ou parce qu'elle pense que la négociation est impossible ;

– afficher les prévisions, c'est aussi prendre le risque de dévoiler sa stratégie aux concurrents. À cet égard, l'affirmation, dans certains accords de GPEC, du nécessaire respect de la confidentialité des données transmises aux instances d'information/consultation désigne davantage un problème qu'elle ne constitue une garantie.

LES RAISONS DE NE PAS DISSIMULER CERTAINES ÉVOLUTIONS

Toutefois, ne pas informer/consulter les partenaires sociaux sur des évolutions majeures à venir comporte des risques pour l'entreprise. Bien plus, celle-ci peut avoir intérêt à développer, en la matière, une démarche proactive qui va au-delà des seules obligations légales imposées à l'entreprise.

En premier lieu, communiquer sur les changements à venir permet de mieux organiser le processus d'accompagnement. Ce qui sera dévoilé, en l'occurrence, est moins la stratégie de l'entreprise que les conséquences de celle-ci dans un futur proche (à un ou deux ans). D'un point de vue logique, la politique de communication de l'entreprise sur les changements doit se caler sur la période de temps qui est jugée nécessaire pour s'y adapter.

Compte tenu du caractère récurrent des restructurations, de la fréquence des acquisitions et de la tendance à l'internationalisation, certains groupes (Schneider Electric, Areva, Thales) ont souhaité négocier des accords-cadre pour définir avec les organisations syndicales des principes communs en vue de « routiniser » les processus de changement et de promouvoir le dialogue social (*cf. supra*, 7).

En second lieu, occulter des changements majeurs comporte le risque que l'accord de GPEC soit attaqué en justice [1] mais surtout que les relations sociales s'en trouvent profondément dégradées. La crise de confiance qui en résulte hypothèque les possibilités de collaboration dans le cadre des commissions de suivi de la GPEC.

L'ensemble des développements précédents souligne, de façon générale, les difficultés à prévoir le niveau et le contenu des emplois du futur. Cela s'explique, en partie, par les caractéristiques du capitalisme actuel mais également par les difficultés de l'entreprise à partager sa stratégie avec les partenaires sociaux, nonobstant les injonctions qui lui sont faites par la loi de cohésion sociale de 2005. Notons que cette rétention partielle d'informations s'explique de différentes façons et se justifie à certains égards.

En résumé, l'avenir se présente plutôt sous la forme d'un brouillard dont les acteurs ont toutefois le pouvoir de réduire la densité. L'anticipation reste donc nécessaire et utile. Mais la thèse, développée ici, est que la visibilité limitée du futur, qui ne donne de l'avenir qu'une image floue, contribue aussi à déplacer l'objet de l'anticipation : de la prévision des métiers et des emplois à celle des moyens d'accompagnement.

---

1) On peut donner l'exemple de SFR. Alors qu'un accord de GPEC y est signé le 12 octobre 2006, l'entreprise procède le 1er août 2007 (après l'avoir annoncé en CCE, le 23 mai 2007) au transfert de 1 900 salariés de trois de ses centres de relations clients vers deux de ses sous-traitants.
Selon la direction, ce changement *qui a un caractère conjoncturel et qui n'était pas prévisible*, n'entre pas dans le cadre de l'accord de GPEC. Les syndicats, au contraire, dénoncent la trahison de la direction, qui n'a pas respecté son engagement à anticiper avec eux les effets de sa stratégie.
L'arrêt du 30 septembre 2009 de la Cour de cassation a clarifié la question des rapports entre GPEC et PSE (*cf. supra*, 6). Il reste que la mise en œuvre d'une démarche d'anticipation requiert un minimum de confiance entre parties prenantes.

Partie 4

TROISIÈME ÉTAPE DE LA GPEC : ACCOMPAGNER LES CHANGEMENTS

19. Pourquoi chercher à éviter les licenciements économiques ?

Le licenciement économique est défini par l'article L. 1233-3 comme suit : « *Constitue un licenciement pour motif économique le licenciement effectué par un employeur pour un ou plusieurs motifs non inhérents à la personne du salarié résultant d'une suppression ou transformation d'emploi ou d'une modification, refusée par le salarié, d'un élément essentiel du contrat de travail, consécutives notamment à des difficultés économiques ou à des mutations technologiques.* »

Le licenciement économique, ainsi défini, ne constitue que l'une des modalités possibles de réduction de l'effectif. Ainsi, dans certains cas, la restructuration prend la forme d'une externalisation d'une partie de l'activité qui aboutit, *in fine*, à un transfert des contrats de travail au nouvel employeur [1]. Dans d'autres cas, les sorties de l'entreprise n'empruntent pas la forme de licenciements économiques mais de départs volontaires ou de préretraites... (cf. infra, 22).

La proposition ici développée est de considérer les licenciements économiques comme la modalité ultime d'ajustement de l'emploi pour deux raisons (dont l'effectivité peut être, en pratique, inégale) :

- l'employeur veut éviter les licenciements économiques parce que ceux-ci sont assortis d'obligations, source de contraintes et de coûts pour l'entreprise ;
- en second lieu, le législateur, lui-même, peut inciter l'employeur à prévenir les licenciements ou à n'y recourir qu'en dernière instance, après avoir exploré ou utilisé, autant que possible, des solutions alternatives.

1) Le problème du recours aux licenciements économiques ne se pose pas, du moins directement, lorsque la restructuration emprunte des modalités qui conduisent à un transfert des contrats de travail au nouvel employeur, ainsi que le prévoit l'article L. 1244-1 : « *Lorsque survient une modification dans la situation juridique de l'employeur, notamment par succession, vente, fusion, transformation du fonds, mise en société de l'entreprise, tous les contrats de travail en cours au jour de la modification subsistent entre le nouvel employeur et le personnel de l'entreprise.* » Ces contrats se poursuivent aux conditions en vigueur au jour du changement d'employeur. Lorsque le cessionnaire (le repreneur) modifie des éléments du contrat de travail, c'est contre lui (et non pas contre le cédant) que les salariés peuvent se retourner (arrêt du 13 mai 2009 de la Cour de cassation).

L'EMPLOYEUR A DES OBLIGATIONS S'IL LICENCIE

Des obligations multiformes

Lorsqu'il intervient, le licenciement économique est assorti d'un ensemble d'obligations, explicitées dans les articles L. 1233 et L. 1234. Celles-ci sont différenciées selon l'effectif de l'entreprise (selon l'existence ou pas d'un comité d'entreprise) et selon le volume, plus ou moins important, des licenciements envisagés (licenciements de plus de 10 salariés sur 30 jours ou moins).

L'employeur doit, ainsi, **respecter certaines procédures** à l'égard des représentants du personnel (calendrier et ordre du jour des réunions), de l'autorité administrative (pour contrôle de la régularité avec possibilité de propositions) ainsi qu'à l'égard des salariés concernés (entretien préalable, notification du licenciement...).

Ensuite, l'employeur a des obligations, **contreparties financières ou autres, à l'égard des salariés licenciés** (priorité de réembauche, préavis, indemnités et mesures d'accompagnement social) **et des territoires impactés** (*cf.* articles L. 1233-84 à 90 sur la revitalisation des bassins d'emploi).

Enfin, **l'employeur n'est pas totalement libre quant au choix de l'ordre des licenciements**. L'article L. 1233-5 stipule, à cet égard :

« Lorsque l'employeur procède à un licenciement collectif pour motif économique et en l'absence de convention ou accord collectif de travail applicable, il définit les critères retenus pour fixer l'ordre des licenciements, après consultation du comité d'entreprise ou, à défaut, des délégués du personnel.

Ces critères prennent notamment en compte :

- *les charges de famille, en particulier celles des parents isolés ;*
- *l'ancienneté de service dans l'établissement ou l'entreprise ;*
- *la situation des salariés qui présentent des caractéristiques sociales rendant leur réinsertion professionnelle particulièrement difficile, notamment celle des personnes handicapées et des salariés âgés ;*
- *les qualités professionnelles appréciées par catégorie. »*

Il est à noter que ces critères doivent être appréciés au niveau de l'entreprise (et non pas à celui de l'établissement). En outre, l'employeur est tenu d'indiquer au salarié qui le lui demande (par écrit) les critères retenus pour fixer l'ordre des licenciements (article L. 1233-17).

L'obligation d'un PSE dans certains cas

Les obligations à l'égard des salariés imposent, dans certaines conditions, la conception et mise en œuvre d'un plan de sauvegarde de l'emploi (PSE). L'article L. 1233-61 stipule, en effet, que : *« Dans les entreprises de cinquante salariés et plus, lorsque le projet de licenciement concerne dix salariés ou plus dans une même période de trente jours, l'employeur établit et met en œuvre un plan de sauvegarde de l'emploi pour éviter les licenciements ou en limiter le nombre. »*

A contrario, les licenciements économiques ne s'accompagnent pas d'un PSE lorsque ces deux conditions ne sont pas satisfaites.

L'article L. 1233-62 indique, par ailleurs, que le PSE prévoit des mesures telles que des actions en vue du reclassement interne des salariés, des créations d'activités nouvelles par l'entreprise, des actions favorisant le reclassement externe, des actions de soutien à la création ou la reprise d'activités par les salariés, des actions de formation, de VAE ou de reconversion ainsi que des mesures d'aménagement du temps de travail et des mesures de réduction des heures supplémentaires [1].

Des obligations relatives à l'accompagnement des transitions professionnelles

La législation prévoit que le salarié bénéficie de différents congés en cas de licenciement économique ou s'il occupe un emploi menacé. Ces congés, qui offrent au salarié un statut et une rémunération, lui donnent accès à différentes mesures (bilan, orientation, formation) visant à favoriser l'accès à un autre emploi. Il convient de distinguer :

- les entreprises ou les établissements de mille salariés et plus, dans lesquelles l'employeur doit proposer un **congé de reclassement** (d'une durée comprise entre 4 et 9 mois) à chaque salarié dont il envisage de prononcer le licenciement économique (*cf.* articles L. 1233-71 à 76) ;
- les entreprises non soumises à cette obligation, ou en redressement ou en liquidation judiciaire, dans lesquelles l'employeur doit proposer au salarié licencié économique une **convention de reclassement personnalisé** (CRP) (*cf.* articles L. 1233-65 à 70) ;
- un dispositif alternatif, le **contrat de transition professionnelle** (CTP) (également ouvert aux salariés licenciés économiques dans les entreprises employant moins de 1 000 personnes) est en cours d'expérimentation depuis avril 2006 (et jusqu'en 2010) dans un nombre croissant de bassins d'emploi [2]. Dans ces deux derniers cas (CRP et CTP), les actions de reclassement sont mises en œuvre par le service public de l'emploi alors qu'elles le sont par l'entreprise (dans le cadre de la cellule de reclassement) dans le cas du congé de reclassement.

Les possibilités offertes par le congé de mobilité

Par rapport à ces dispositifs, le congé de mobilité, institué par la loi du 30 décembre 2006 (*cf.* art. L. 1233-77 à 83), présente la particularité d'être également utilisable en dehors d'une procédure de licenciements économiques.

1) L'article L. 1233-61 précise par ailleurs que *« ce plan intègre un plan de reclassement visant à faciliter le reclassement des salariés dont le licenciement ne pourrait être évité, notamment celui des salariés âgés ou présentant des caractéristiques sociales ou de qualification rendant leur insertion professionnelle particulièrement difficile »*.

2) Du point de vue des bénéficiaires, le CTP (créé en 2006) est plus avantageux que la CRP (créée en 2005). Une initiative originale de la région Nord-Pas-de-Calais a consisté à créer une « convention de reclassement personnalisé régionale » pour assurer l'équité entre licenciés économiques, quel que soit leur bassin d'emploi.

Ce congé, réservé aux entreprises d'au moins 1 000 salariés, doit avoir été prévu dans l'accord de GPEC qui en détermine les modalités telles que la durée (non contrainte *a priori*) ou la rémunération (*cf.* art. L. 1233-82).

Il peut être utilisé à « chaud » dans le cadre d'un plan de départs volontaires ou d'un PSE. Dans ce dernier cas, il constitue une alternative au congé de reclassement (*cf.* art. L. 1233-81). Mais le congé de mobilité peut également être proposé à « froid » aux salariés dont l'emploi est menacé. Il permet aux bénéficiaires d'accéder à des actions de formation. Le salarié en congé de mobilité a également la possibilité d'effectuer des périodes de travail, dans ou en dehors de l'entreprise (*cf.* art. L. 1233-77).

L'EMPLOYEUR INCITÉ À ÉVITER LES LICENCIEMENTS ÉCONOMIQUES

Cette incitation s'appuie sur un ensemble d'obligations et de dispositifs divers qui résultent d'une évolution (non linéaire) du droit du licenciement économique de plusieurs décennies [1].

L'obligation de former le salarié pour prévenir son inadaptation

L'employeur est soumis à l'obligation générale de développer les compétences de ses salariés pour que ceux-ci assument non seulement les exigences de leur poste de travail mais s'adaptent également à l'évolution de leur emploi. L'article L. 6321-1 (dont on considère que l'arrêt Expovit du 25 février 1992 de la Cour de cassation constitue un précédent) stipule, en effet, que :

« L'employeur assure l'adaptation des salariés à leur poste de travail.

Il veille au maintien de leur capacité à occuper un emploi, au regard notamment de l'évolution des emplois, des technologies et des organisations.

Il peut proposer des formations qui participent au développement des compétences, ainsi qu'à la lutte contre l'illettrisme.

Les actions de formation mises en œuvre à ces fins sont prévues, le cas échéant, par le plan de formation mentionné au 1er de l'article L.6312-1. »

La position de cet article (dans le livre III – La formation professionnelle continue – de la sixième partie du Code du travail : La formation professionnelle tout au long de la vie) indique que le non-respect avéré de l'obligation de former par l'employeur pourra aussi être sanctionné lors du licenciement économique dès lors que celui-ci résulte d'une

1) Pour une analyse des grandes étapes du droit du licenciement pour motif économique, voir *La France du travail : données, analyses, débats*, IRES, Éditions de l'Atelier, 2009, p. 180-181.

inadaptation du salarié [1]. De son côté, le salarié ne peut pas refuser de suivre une formation qui vise à adapter ses compétences.

L'obligation d'explorer les possibilités de reclassement interne

Le licenciement économique n'intervient que si le reclassement en interne s'avère impossible. L'employeur a, en effet, une obligation d'adaptation et de reclassement comme le stipule l'article L. 1233-4 :

« Le licenciement pour motif économique d'un salarié ne peut intervenir que lorsque tous les efforts de formation et d'adaptation ont été réalisés et que le reclassement de l'intéressé ne peut être opéré dans l'entreprise ou dans les entreprises du groupe auquel l'entreprise appartient [2]*.*

Le reclassement du salarié s'effectue sur un emploi relevant de la même catégorie que celui qu'il occupe ou sur un emploi équivalent. À défaut, et sous réserve de l'accord express du salarié, le reclassement s'effectue sur un emploi d'une catégorie inférieure.

Les offres de reclassement proposées au salarié sont écrites et précises. »

Il faut souligner que la tentative de reclassement intervient avant la notification du licenciement. Il incombe donc à l'employeur de bien différencier les offres consécutives à l'obligation de reclassement de celles liées aux mesures de reclassement du Plan de sauvegarde de l'emploi (PSE). En outre, l'employeur ne peut pas limiter, *a priori*, sa recherche de reclassement en fonction des choix de mobilité du salarié, tels qu'il peut les avoir exprimés à l'avance.

La négociation d'alternatives aux licenciements économiques

Les aménagements procéduraux autorisés par les articles L. 1233-21 et L. 1233-22 (accords de méthode) visent à la recherche de solutions alternatives aux licenciements économiques. Le recours aux préretraites comme moyen de restructurer « en douceur » n'est plus à l'ordre du jour, essentiellement, du reste, pour des raisons macroéconomiques d'équilibre du système de financement des retraites. Les mesures d'âge n'ont pas disparu pour autant. Toutefois, la tendance actuelle est plutôt de mobiliser les possibilités offertes par les départs volontaires.

---

1) La jurisprudence introduit toutefois quelques limites à l'obligation de former en opérant une distinction entre plusieurs types de formation. Ainsi, l'employeur n'est pas tenu de permettre au salarié d'accéder à un poste de catégorie supérieure par le biais d'une formation qualifiante ni de lui assurer une formation initiale qui lui fait défaut (arrêt de la Cour de cassation du 3 avril 2001). L'obligation de l'employeur se limite, en fait, à offrir une formation qui ne dépasse pas la simple adaptation (arrêt de la Cour de cassation du 26 janvier 2010).

2) L'employeur doit proposer l'ensemble des postes disponibles à ses salariés, en France et à l'étranger (y compris dans des pays de niveau de vie très inférieur). Il est toutefois à noter que l'obligation de reclassement n'incombe qu'à l'employeur qui supprime des emplois : en conséquence, si l'entreprise appartient à un groupe, les autres sociétés du groupe ne sont pas, de ce seul fait, codébitrices de l'obligation de reclassement (*cf.* arrêt du 13 janvier 2010 de la chambre sociale de la Cour de cassation). L'entreprise tenue de mettre en œuvre un PSE ne peut donc mobiliser les moyens du groupe.

Face à un projet de restructuration ayant un impact négatif sur l'emploi, l'accord de méthode peut ainsi concevoir une procédure articulée en deux phases : une phase de volontariat et une phase d'application des critères d'ordre des licenciements économiques (*cf. infra*, 22).

Comme l'indique l'article L. 1233-23, une telle procédure ne dispense pas l'employeur de son obligation d'adaptation et de reclassement (art. L.1233-4), et ne le dispense pas non plus de fournir aux IRP les informations sur le projet de licenciement collectif prévues à l'article L. 1233-31 : raisons économiques, financières et techniques, nombre de licenciements envisagés, catégories professionnelles concernées et critères proposés pour l'ordre des licenciements...

Des dommages-intérêts si la cause n'est pas réelle et sérieuse

La volonté de réduire le recours aux licenciements économiques est aussi perceptible au niveau de ce qui est considéré comme cause réelle et sérieuse (qui doit justifier tout licenciement pour motif économique, selon les termes de l'article L. 1233-2). L'objectif de rentabilité n'est pas à lui seul jugé suffisant (comme cela a été établi pour les licenciements impliqués par la délocalisation en Chine de la fabrication de maillots de bain par l'entreprise Arena à Libourne). Le capitalisme est pourtant un système concurrentiel où la survie de l'entreprise repose sur sa rentabilité !

Il semblerait donc que, selon la jurisprudence, la justification du recours aux licenciements économiques ne saurait faire référence à une attitude offensive de recherche de la rentabilité mais seulement à une politique défensive de prévention des difficultés économiques... qui, de plus, doivent s'apprécier au niveau du groupe tout entier (et non être évaluées à partir de la situation particulière d'un site). Pour le dire autrement, les licenciements économiques ne sont justifiés que si la compétitivité et la rentabilité de l'entreprise, dans son ensemble, sont gravement menacées.

Plus généralement, le plan de sauvegarde de l'emploi peut être considéré comme une démarche paradoxale : l'entreprise décide de recourir aux licenciements économiques mais, en même temps, elle s'efforce d'en réduire le nombre (Le PSE ne se veut pas un PLE : plan de licenciements économiques). Et, si elle ne peut les éviter, l'entreprise ne pourra pas procéder à des licenciements « secs » : elle devra proposer des mesures d'accompagnement et des offres valables d'emploi (OVE)... Au total, le risque judiciaire lié à un PSE n'est pas négligeable : vices de procédure, mesures insuffisantes, motifs non fondés... Tout cela plaide pour l'engagement dans une démarche d'anticipation.

20. Comment se préparer efficacement à un avenir opaque ?

Il est admis que la connaissance de l'avenir reste imparfaite nonobstant les démarches de prospective réalisées à différents niveaux, y compris celui de l'entreprise. Des retournements de tendance non prévus sont, en effet, possibles comme l'a montré la crise survenue en 2008. L'entreprise, elle-même, se trouve parfois incapable d'anticiper certains changements, pourtant majeurs, parce que ses clients/marchés dépendent de l'environnement international ou parce que les décisions la concernant sont prises au niveau d'un groupe...

Mais il y a aussi des raisons de penser qu'il est possible de se préparer efficacement à des chocs pourtant difficiles à prévoir. Bien plus, **l'anticipation des moyens d'accompagnement, de leur conception et de leur mise en œuvre, doit être d'autant plus poussée que la visibilité du futur est faible**. Une question fondamentale émerge toutefois : comment cela est-il possible ? Comment anticiper l'accompagnement de changements dont on ne connaît pas, ou très mal, le contenu et l'occurrence ?

Il n'y a pas, en la matière, d'incohérence logique, comme on le verra. On examinera successivement deux types de politiques qui permettent de se préparer à des changements mal connus. En premier lieu, construire une organisation flexible pour absorber différents niveaux d'activité. En second lieu, construire, par anticipation, des procédures à appliquer en cas d'éventuelle restructuration ou, de façon plus large, en cas de changement structurel.

CONSTRUIRE UNE ORGANISATION FLEXIBLE : LA MISE EN PLACE DE RÉGULATEURS AUTOMATIQUES

L'action de l'entreprise

La variabilisation multiforme de la masse salariale

L'organisation flexible est ici définie, dans un sens précis, comme une organisation construite de telle sorte qu'elle soit capable de s'adapter aux variations d'activité. Cette capacité à faire face à différents niveaux d'activité (normal, fort, faible) résulte, elle-même, de la mise en place, par l'entreprise, de régulateurs automatiques ayant pour effet de flexibiliser la masse salariale, c'est-à-dire de la faire varier avec la production ou le chiffre d'affaires.

En d'autres termes, la masse salariale se réduit lorsque la production ou le chiffre d'affaires chutent, ce qui permet de contenir la pression à la hausse de la part des coûts salariaux dans le prix de vente. La marge bénéficiaire n'est donc pas (trop) amputée lors des creux d'activité comme c'est le cas pour une organisation rigide.

Une organisation idéalement flexible (au sens conjoncturel du terme) est ainsi celle où les régulateurs économiques mis en place conduisent à l'instauration d'une liaison linéaire entre la masse salariale (MS) et le chiffre d'affaires (CA) telle que MS = kCA où k est une constante. Dans ce cas extrême, la part de la masse salariale dans le chiffre d'affaires (le ratio MS/CA) est rendue insensible aux variations d'activité. Il s'agit là d'une situation idéale et inaccessible mais qui peut servir de référence pour l'action (à la façon dont on invoque le « zéro défaut » ou le « zéro délai »).

En pratique, les régulateurs automatiques utilisés par les entreprises, pour s'adapter à la conjoncture forte ou faible, concernent plusieurs variables : l'emploi, la durée du travail et la rémunération dont les niveaux sont rendus flexibles avec la situation économique.

La variabilisation de l'emploi. Celle-ci est multiforme. Outre le recours aux formes canoniques du CDD et de l'intérim [(1)], l'entreprise utilise les possibilités offertes par la sous-traitance de capacité (qui reporte sur d'autres entreprises la nécessité de s'adapter). Elle organise également des mobilités internes (entre services ou entre sites), pratique possible si les salariés sont suffisamment polyvalents.

La variabilisation de la durée du travail. Celle-ci conduit à utiliser les possibilités offertes par le chômage partiel et les heures supplémentaires, par le travail à temps partiel et les heures complémentaires ainsi que par les différentes formes d'aménagement du temps de travail (dont l'annualisation). Il existe aussi différents compteurs (de temps) sur lesquels on peut jouer : liquidation des stocks de RTT, report de jours de travail ou consommation par anticipation de congés (dans le cadre du compte épargne temps (CET))… dans la perspective d'un rattrapage pluriannuel mais dans les limites autorisées par la loi.

La variabilisation de la rémunération. En la matière, les ajustements n'ont pas, en France, l'ampleur et la brutalité qu'ils ont outre-Atlantique. En effet, la réduction du salaire de base ne peut pas être imposée unilatéralement par l'employeur. Elle implique une modification du contrat de travail qui doit être soumise à l'approbation du salarié. Il reste que l'existence de systèmes de rémunération des performances individuelles (bonus) et/ou collectives (intéressement) a pour effet, de variabiliser, peu ou prou, la masse salariale…

1) L'intérim est ainsi passé de 650 000 (équivalents emploi à temps plein) à la mi-2007 à environ 420 000 deux ans après…

Un problème éthique : qui doit supporter le risque lié aux variations d'activité ?

Ces régulateurs automatiques, relevant de la flexibilité externe et/ou interne, bien que classiques, ont une importance variable selon les entreprises qui, il est vrai, sont inégalement confrontées aux variations d'activité.

Du point de vue de l'entreprise, ces adaptations visent à ajuster la part des frais de personnel, avec le souci de préserver le potentiel productif de la firme qu'il faudra mobiliser lors de la reprise d'activité. La rétention de main-d'œuvre, qui se traduit par une baisse de la productivité apparente de l'emploi, est toutefois sélective : elle ne concerne pas pareillement toutes les catégories de main-d'œuvre. La thésaurisation de main-d'œuvre dépend, en effet, de l'importance des coûts du *turnover*, elle-même d'autant plus forte que les qualifications sont élevées et les compétences longues à reproduire.

Ainsi, pour les salariés les moins qualifiés, la chute d'activité se traduit par la perte de leur emploi. En outre, lorsqu'elle emprunte la forme du chômage partiel, la rétention implique une chute de la rémunération des salariés concernés. Différentes initiatives prises au niveau de l'entreprise, de la branche ou au niveau national ont cherché à atténuer le coût pour les salariés de l'effondrement de l'activité survenu en 2008.

L'intervention complémentaire de l'État, des régions et des branches professionnelles

L'importance de la contraction de l'activité (au cours des années 2008 et 2009) est à l'origine de mesures exceptionnelles prises à différents niveaux. Ainsi, des accords ont été signés, au niveau de l'entreprise, dans le double souci de préserver l'emploi et d'amortir la chute des revenus (par exemple, tel constructeur automobile ayant négocié avec les organisations syndicales un contrat social de crise).

Complémentairement, compte tenu de l'étendue des difficultés économiques, les partenaires sociaux ont négocié sur la gestion sociale des conséquences de la crise économique sur l'emploi (ANI du 8 juillet 2009). Le recours au chômage partiel a été facilité (ANI du 2 octobre 2009). Le prêt de main-d'œuvre est également encouragé. En outre, les négociations menées en 2010 sont à la recherche de solutions pour fluidifier le passage d'une entreprise à une autre...

L'État, lui-même, a apporté son appui financier et technique dans le cadre d'un fonds d'aide aux entreprises, aux salariés et aux demandeurs d'emploi, en l'occurrence le fonds d'investissement social (voir encadré). On peut penser que toutes ces interventions ont atténué les conséquences négatives sur l'emploi même si le nombre de PSE a fortement augmenté : 957 en 2007, 1 061 en 2008 et 2 242 en 2009.

LE FONDS D'INVESTISSEMENT SOCIAL (FISO)

Les actions financées par le Fiso (dont les crédits alloués pour 2009 ont été de 1,347 milliard d'euros) s'inscrivent dans six objectifs :

Le premier, soutien aux salariés et demandeurs d'emploi exposés à la crise, facilite, pour l'essentiel, le recours au chômage partiel et à l'activité partielle de longue durée. État et partenaires sociaux ont agi, tout à la fois, dans le sens d'une augmentation du contingent annuel d'heures indemnisables (qui est passé de 600 à 800, puis 1 000 heures) et d'une revalorisation du taux d'indemnisation (*cf.* arrêté du 3 janvier 2009).

L'objectif 2 (CTP/CRP, *cf. supra*, 19), l'objectif 3 (formation des demandeurs d'emploi), les objectifs 5 (politiques en direction des jeunes) et 6 (soutien à la création d'emploi) ainsi que l'objectif 4 (appui aux démarches territoriales et sectorielles de gestion de la crise, pouvant prendre la forme d'EDEC, *cf.* 16 et 25) visent à combattre le chômage, de façon multiforme.

L'objectif de développer des amortisseurs innovants

Certains régulateurs automatiques ont pu être amendés, de façon significative, par les pouvoirs publics et les partenaires sociaux compte tenu de l'importance de la crise. Tel a été le cas du dispositif de chômage partiel. Mais le souci d'éviter les licenciements économiques et/ou d'atténuer la perte de revenu des salariés a aussi conduit les entreprises à promouvoir des solutions plus originales ou moins classiques. Certaines ont activé le congé de mobilité (*cf. supra*, 19). D'autres dispositifs, innovants (sans être nouveaux) ont, également, reçu plus d'attention.

Mettre à profit le temps libre pour organiser des formations

La réduction des heures de travail (et donc l'annulation du coût d'opportunité de la formation) est une occasion saisie par certaines entreprises pour développer la production de capital humain : formations classiques à la sécurité ou à la qualité, liquidation des arriérés du DIF, développement de la polyvalence (maintenance de premier niveau), acquisition d'un CQP ou développement des connaissances professionnelles de base, acquisition de nouvelles compétences en fonction de contrats à venir...

Encore faut-il régler un double problème. Il faut garantir un revenu au salarié, par exemple, en combinant formation et chômage partiel et en améliorant l'indemnisation de celui-ci. Il faut, ensuite, financer le coût des formations que le budget des seules entreprises ne permet pas toujours de supporter. S'agissant de ce dernier point, l'intervention des Opca, des régions ou de l'État est souhaitable ou nécessaire [1].

Faciliter le prêt de personnel à but non lucratif

Les groupes ont la possibilité d'utiliser les possibilités offertes par la mobilité interne intersites. À la faveur de la crise, le prêt de main-d'œuvre entre entreprises sans lien juridique est également encouragé. Celui-ci est autorisé, mais à la condition qu'il soit à but non lucratif (art. L. 8241-2). Le prêt à but lucratif est, en effet, interdit sauf s'il est réalisé dans le cadre du travail temporaire ou par des entreprises de travail à temps partagé... (art. L. 8241-1).

Le prêt de personnel est, *a priori*, mutuellement bénéfique pour l'entreprise (qui évite les coûts du chômage partiel) et pour le salarié (dont le revenu est préservé et qui bénéficie, par ailleurs, d'une garantie de retour). Le prêt de main-d'œuvre est ainsi encouragé par l'ANI du 8 juillet 2009 sous réserve toutefois que les conditions et les modalités de l'opération soient précisément explicitées dans la convention de mise à disposition du personnel.

Le prêt de personnel est, par ailleurs, facilité par l'existence d'une gestion territoriale des emplois et des compétences, au niveau d'un bassin d'emploi (*cf. infra*, 25).

Les dispositifs qui ont été analysés visent à rendre l'entreprise capable de s'adapter à des niveaux d'activité variables. Des changements de structure sont également susceptibles d'être nécessaires au fil du temps.

CONSTRUIRE PAR ANTICIPATION DES PROCÉDURES D'ACCOMPAGNEMENT DES CHANGEMENTS STRUCTURELS

La structure organisationnelle change elle aussi...

Les développements précédents ont trait aux conséquences du cycle des affaires : l'évolution du capitalisme est, en effet, irrégulière, faite de « booms » et de récessions [2]. Toutefois, comme on l'a vu, les entreprises et les acteurs collectifs (État et partenaires sociaux) peuvent construire, par anticipation, des mécanismes régulateurs qui facilitent l'absorption par la firme de ces fluctuations conjoncturelles et qui en amortissent, aussi, l'impact négatif sur la situation des salariés.

1) L'article 19 de la loi de 2009 sur la formation (qui cherche à combiner chômage partiel et formation) stipule ainsi que « *les salariés sont placés en position de chômage partiel et bénéficient d'une allocation spécifique de chômage partiel à la charge de l'État s'ils subissent une perte de salaire...* ».

2) On observe, en effet, une alternance de phases de surchauffe ou d'expansion (où la croissance de la production est supérieure à la tendance moyenne – le *trend*) et de phases de récession (où elle lui est inférieure). Le *trend* peut toutefois être différent selon les pays et pour un même pays, se modifier sur le long terme : on sait que la croissance moyenne du PIB était de 5 %, en France, au cours des Trente glorieuses contre moins de 2 % pour la période actuelle....

La démarche d'anticipation peut également concerner une autre catégorie de changements, non pas conjoncturels mais structurels. L'entreprise, comme ensemble structuré d'emplois (*cf. supra*, 1), est, en effet, l'objet de transformations au cours du temps. Leur ampleur est toutefois inégale : chocs locaux qui aboutissent à la disparition d'un type d'emploi ou restructurations (réorganisations) profondes qui impactent de larges pans de l'entreprise.

On considère généralement que la fréquence et la magnitude des transformations structurelles se sont accrues au cours des dernières décennies. On invoque, pour l'expliquer, la financiarisation de l'économie et le changement de l'actionnariat ainsi que l'intensification de la concurrence au niveau mondial, induisant une accélération des innovations de produits et de procédés...

Ces transformations du capitalisme sont peut-être, elles-mêmes, à la source de certaines évolutions du droit, concernant la gestion des restructurations (*cf. supra*, 6) : en France, obligation de négocier sur la GPEC et possibilité de conclure des accords de méthode (loi du 18 janvier 2005), dispositif de départs volontaires au bénéfice de salariés occupant les emplois menacés (loi du 21 décembre 2006)... Une question se pose toutefois : comment l'entreprise peut-elle se préparer, par anticipation, à des changements structurels si ces derniers sont, pour une part, imprévisibles ?

Une question préalable : peut-on se préparer à des changements imprévisibles ?

La réponse à cette question sera positive. En faisant écho à la distinction bien connue d'Herbert Simon entre *rationalité substantive et rationalité procédurale* [(1)], on peut ici affirmer qu'il n'est pas nécessaire de connaître la « substance » du changement (c'est-à-dire son contenu ou sa nature particulière) pour décider, par anticipation, des procédures de sa gestion.

Pour illustrer cette idée, prenons l'exemple des mobilités géographiques : il n'est pas besoin, en effet, de connaître les mobilités qui auront effectivement lieu au cours de la période prévisionnelle pour organiser, par anticipation, l'accompagnement des changements du lieu de travail. Ainsi, les accords de GPEC négociés par les entreprises ne cherchent pas prioritairement à prévoir la nature des mobilités géographiques. Ils prévoient, ce qui est différent, les problèmes posés par ces mobilités : déménagement éventuel et recherche d'un logement, emploi du conjoint, scolarité des enfants... Ces problèmes sont, eux-mêmes, fonction des types de mobilité géographique possibles ainsi que des caractéristiques des personnes concernées.

En conséquence, pour organiser, par anticipation, l'accompagnement des mobilités géographiques, il n'est pas tant nécessaire de prévoir concrètement ce que seront les trajectoires que de définir des **situations types pertinentes** auxquelles celles-ci seront

1) Simon H.-A., *From substantive to procedural rationality in Method and Appraisal in Economics*, Latsis S. ed., Cambridge University Press, 1976.

rattachées. Par exemple, on distinguera les mobilités selon qu'elles s'effectuent au sein d'un même bassin d'emploi ou qu'elles sont supérieures à telle distance kilométrique. On prendra aussi en compte la situation de famille du salarié : avec ou sans conjoint, avec ou sans enfant en âge scolaire, etc. À chacune des situations types qu'elle aura définies, l'entreprise associera des mesures d'accompagnement déterminées. En conséquence, les éventuelles mobilités géographiques à venir seront facilitées par le dispositif d'accompagnement déjà là.

La tâche de l'entreprise : les deux objets procéduraux essentiels

La définition de situations types suppose, de la part de l'entreprise, un travail d'analyse et de codification. Plus précisément, l'efficacité des accords de GPEC, au regard de l'accompagnement des changements, dépendra de la façon dont y seront traités les deux aspects majeurs suivants :

- Quelles procédures d'identification des prioritaires ?
- Quelles procédures de catégorisation des dispositifs d'accompagnement ?

Ces aspects déterminent crucialement l'efficacité avec laquelle seront conduites les restructurations. Il est, en effet, important de savoir, dès que possible, si l'emploi que l'on occupe est menacé ou pas. Il est, en second lieu, tout aussi essentiel de pouvoir accéder à un dispositif d'accompagnement *adapté* qui prenne en compte les caractéristiques du salarié ainsi que les mobilités praticables par ceux qui occupent un emploi menacé. On examinera successivement ces deux points. La construction des procédures d'identification des prioritaires est analysée dans le chapitre 21. Les problèmes posés par la construction de dispositifs d'accompagnement font l'objet des chapitres suivants.

21. Comment élaborer des procédures d'identification des salariés prioritaires ?

RETOUR À LA MATRICE DES MOBILITÉS : QUELS ENSEIGNEMENTS ?

L'objectif général est d'informer les salariés des changements à venir, qui les concerneront directement, pour envisager avec eux l'évolution possible de leur parcours professionnel. Il faut, en outre, que les salariés soient informés suffisamment tôt pour que puissent être réalisées les adaptations nécessaires (notamment en matière de formation).

Les changements auxquels est confronté un salarié dépendent en partie de l'évolution de l'emploi qu'il occupe (même si, comme on l'a vu, le salarié peut aussi avoir à changer en l'absence même de tout *job turnover*). En conséquence, l'un des moyens de détecter les salariés menacés ou plus généralement impactés passe par la typologie des emplois construite par l'entreprise.

Commençons par une typologie très simple, établie sur la base de la matrice des mobilités (*cf. supra*, 8). L'évolution des emplois conduit à distinguer les quatre types suivants : métiers en voie de disparition (emploi A), emplois en diminution (emploi C), emplois en augmentation (emploi B) et métiers émergents (emploi D). Cette classification élémentaire appelle les observations suivantes.

Tout d'abord, il est certain que les salariés occupant actuellement un emploi en voie de disparition ou en diminution (emplois A et C) sont potentiellement menacés (sauf cas particulier où le *turnover* naturel – départs en retraite et démissions – réalise, à lui seul, un ajustement à la baisse suffisant). Il est donc souhaitable que l'entreprise informe ces salariés qu'ils occupent un emploi sensible, susceptible d'être supprimé.

Est-ce à dire que les salariés occupant un emploi en augmentation (emploi B) n'auront pas à évoluer ? Nullement, car l'entreprise pourra avoir, comme on l'a vu, intérêt, par exemple, à organiser leur mobilité vers les métiers émergents (emploi D) en les faisant bénéficier d'une formation de reconversion. Ils libéreront ainsi des places susceptibles d'être reprises par certains des salariés occupant les emplois menacés. Si on généralise, on aboutit aux trois principes directeurs suivants.

TROIS PRINCIPES DIRECTEURS

Identifier les salariés menacés : deux approches complémentaires

Il y a deux grandes approches pour détecter les salariés menacés. On les identifie, comme on l'a vu, au travers des emplois qu'ils occupent. Cette démarche qui s'appuie sur une typologie des emplois, conduit à réserver aux salariés qui occupent des emplois menacés un accès prioritaire à des mesures d'accompagnement.

Mais on identifie également (et complémentairement) les salariés menacés en cherchant à repérer certaines de *leurs caractéristiques individuelles* dans le cadre d'entretiens professionnels systématiques (niveau de diplôme, formations suivies, polyvalence,...). Une catégorie entière de salariés (par exemple, les seniors) peut aussi, d'emblée, être considérée comme menacée. On définit alors, en conséquence, un ensemble de mesures spécifiques qui leur sont dédiées (parfois pour satisfaire aux obligations légales).

Permettre les « effets domino »

L'entreprise doit permettre à un salarié n'occupant pas un emploi menacé d'accéder à des mesures d'accompagnement si sa mobilité libère un poste, susceptible d'être occupé par un salarié dont l'emploi est menacé.

Dans cette perspective, l'encouragement prodigué par l'entreprise à ses salariés pour les inciter à réaliser leurs projets de mobilité externe (création d'entreprise...) cesse de paraître paradoxal : il est pleinement justifié du point de vue de la production d'« effets domino », indépendamment d'autres avantages possibles.

Construire une typologie des emplois finalisée par l'action

L'entreprise doit construire une typologie des emplois qui indique au mieux les actions à engager. Au minimum, elle identifie les emplois menacés, encore appelés sensibles (ici au sens précis où ils sont en diminution ou en voie de disparition). Mais elle ne se limite pas à cela. L'entreprise doit également identifier :

- les emplois en forte évolution, qualifiés aussi de sensibles, ici au sens où leur contenu en compétences requises est appelé à connaître des changements importants. Cet intérêt se justifie d'autant plus qu'il s'agit de compétences clés (emplois stratégiques) dont l'apprentissage exige une période longue et des formations lourdes ;
- les emplois en tension pour lesquels l'entreprise est confrontée à des difficultés de recrutement auxquels on peut accoler les métiers émergents à pourvoir par reconversion interne et/ou recours au marché du travail.

– Mais aussi, et pourquoi pas, les emplois pénibles et dangereux, à la source d'absentéisme, d'accidents du travail ou de maladies professionnelles... La GPEC peut être l'occasion de s'attaquer à ces dysfonctionnements (*cf. supra*, 10).

À l'opposé, on peut définir une catégorie d'emplois non sensibles. Toutefois, le but n'est pas ici d'être exhaustif (de typifier tous les emplois) mais d'alerter les personnels concernés et/ou de mettre l'entreprise en position de recherche de solutions.

CONSTRUIRE UNE PROCÉDURE D'ALERTE

Une telle procédure d'alerte des salariés occupant un emploi sensible n'existe pas, loin s'en faut, dans tous les accords de GPEC. Certains procèdent seulement à une énumération des différentes mesures, mobilisables pour l'accompagnement des mobilités professionnelles et géographiques. *A contrario*, **si on veut construire une procédure d'alerte, il faut établir un lien entre les résultats de la prospective (en l'occurrence, l'identification d'emplois sensibles) et l'accès à des mesures spécifiques d'accompagnement**. Différents acteurs sont impliqués dans la mise en œuvre de la procédure. Prenons, ici, l'exemple de l'accord groupe d'une entreprise de la grande distribution. Cinq aspects de cette procédure d'alerte sont, semble-t-il, à souligner plus particulièrement :

– la procédure implique que l'entreprise définisse préalablement ce que recouvre la notion d'emploi sensible. Il faut noter que l'acception diffère ici et là. Les emplois pour lesquels on anticipe une diminution significative (au-delà de celle produite par le *turnover* naturel) en font classiquement partie. Mais s'y ajoutent également les emplois appartenant à un service ou à une unité dont on prévoit qu'ils seront impactés du fait d'évolutions économiques, organisationnelles ou technologiques rendant nécessaire un plan collectif de reconversion ;

– la qualification d'un métier en métier « sensible » est à l'initiative de la direction de l'entité (site) concernée. Elle en informe ensuite le CE ou le CEE auxquels elle communique notamment les informations suivantes : nature des métiers sensibles et effectifs correspondants, délai (fixé par la direction) pendant lequel les salariés concernés pourront se porter volontaire pour bénéficier des mesures d'accompagnement spécifiques. Ces informations sont, par ailleurs, communiquées à l'observatoire des métiers du groupe ;

– les salariés occupant un métier reconnu sensible seront, dans une seconde étape, informés par leur hiérarchie, soit au cours d'une réunion collective, soit au cours d'un entretien individuel (qui peut être l'entretien annuel usuel).

– les salariés concernés mais aussi ceux qui, sans occuper un emploi « sensible », sont à la source d'un « effet domino » (*cf. supra*) auront un droit d'accès prioritaire à des mesures d'accompagnement *ad hoc* de la mobilité interne ou externe (entretien, formation, aide à la création d'entreprise...) ;

– le CE ou le CCE met en place un comité de suivi (composé de représentants de la direction, des RH et des salariés). Celui-ci se réunit, au minimum, tous les deux mois pendant la durée de la période de volontariat. Il valide la pertinence des projets de mobilité externe (s'assure notamment que l'emploi de reclassement est stable) et il est par ailleurs informé des reclassements internes ainsi que des départs en congé de mobilité.

Certaines de ces dispositions ont des implications financières : elles sont, en effet, des conditions nécessaires pour bénéficier du traitement fiscal et social favorable, appliqué aux indemnités de départ volontaire.

EMPLOIS MENACÉS : LES CONDITIONS POUR BÉNÉFICIER D'EXONÉRATIONS SUR LES INDEMNITÉS DE DÉPART VOLONTAIRE

Nous l'avons vu, l'article L. 2242-16 du Code du travail stipule que la négociation concernant la GPEC porte également « *sur la qualification des catégories d'emplois menacés par les évolutions économiques ou technologiques* ». Négocier sur ce point est la condition nécessaire pour que l'entreprise bénéficie d'exonérations de cotisations sociales concernant les indemnités de départ volontaire octroyées aux salariés occupant des emplois menacés (qui, eux-mêmes, bénéficient d'exonérations fiscales sur l'impôt sur le revenu).

Par ce moyen, les pouvoirs publics entendent encourager les démarches d'anticipation et le recours aux départs volontaires (de préférence aux licenciements économiques). Certaines conditions, précisées par l'article L. 2242-17, doivent toutefois être remplies :

– l'autorité administrative (en l'occurrence, le préfet du département où est situé le siège social de l'entreprise) ne s'est pas opposée à la qualification d'emplois menacés retenue par l'accord de GPEC ;
– les salariés dont le contrat de travail est rompu occupaient un emploi menacé (tel que défini par l'accord) et ont retrouvé un emploi stable (en l'occurrence, un CDI ou un emploi temporaire de plus de 6 mois) à la date de la rupture de leur contrat de travail ;
– le comité de suivi, mis en place par l'accord de GPEC, a reconnu la stabilité de l'emploi de reclassement. Il a, par ailleurs, vérifié que l'emploi est externe (le nouvel employeur n'appartenant pas au même groupe que l'employeur d'origine).

Identifier les salariés prioritaires (occupant, par exemple, des emplois sensibles) est une première étape indispensable. Mais il faut également définir, par anticipation, des dispositifs types d'accompagnement qui prennent en compte la nature et l'importance des changements à opérer (*cf. infra*, 22). Par ailleurs, dans certains cas, des catégories prioritaires de salariés sont désignées par l'État lui-même.

CATÉGORIES PRIORITAIRES : LE POUVOIR D'INFLUENCE DE L'ÉTAT

Entreprises et État : l'affrontement des préférences

L'entreprise fait des choix : à l'entrée (lors des recrutements externes), à la sortie (à l'occasion des licenciements) ou en cours d'emploi (dans le cadre de la gestion des carrières ou de la politique de formation).

Ces choix sélectifs résultent, en règle générale, de l'application d'un critère d'efficacité économique. Celui-ci s'impose à l'entreprise dans la mesure où sa survie, dans un système concurrentiel, dépend *in fine* de sa rentabilité. Bien évidemment, il s'agit de l'efficacité économique telle que la perçoit l'entreprise : des croyances et des préjugés sont, en effet, susceptibles d'influer sur les décisions...

En fin de compte, les entreprises font des différences entre individus ou entre catégories d'individus parce qu'elles pensent y avoir intérêt. Ces décisions sont rationnelles au sens où elles résultent d'une confrontation des coûts et des avantages tels que les perçoivent les entreprises [(1)].

Toutefois, ces choix microéconomiques posent problème au niveau macroéconomique de la société toute entière lorsqu'ils aboutissent à exclure du droit au travail certaines catégories de population telles que les femmes, les personnes handicapées, les seniors ou certains groupes ethniques... C'est cette situation qui incite l'État à intervenir pour tenter de modifier les choix des entreprises.

Comment l'État cherche à imposer ses préférences

L'État va tenter de modifier les décisions des entreprises en jouant sur les coûts/avantages. Ce principe général renvoie à des pratiques différentes. L'État impose, par exemple, une obligation déterminée et l'assortit de pénalités en cas de non-respect. Mais il peut aussi donner aux entreprises la possibilité de choisir entre plusieurs options.

Les entreprises vont optimiser dans ce nouveau cadre imposé par l'État. Cela dit, les finalités poursuivies par les pouvoirs publics auront, à l'évidence, un caractère d'autant moins impératif que l'autonomie concédée aux entreprises sera grande.

À titre d'illustration de la démarche, prenons l'exemple de deux catégories prioritaires qui ont retenu l'attention dans la période actuelle : les personnes handicapées et les seniors.

---

1) Pour une analyse moins rapide, se reporter au chapitre 12 de Stankiewicz F., avec la collaboration de Geuze F., *Manager RH*, Éditions De Boeck, 2e édition, 2010.

Les travailleurs handicapés

L'exclusion de l'entreprise des personnes handicapées serait inéluctable si on laissait totalement jouer la logique économique et la concurrence pour l'accès à l'emploi. L'État intervient ici au nom de principes moraux transcendants : en d'autres termes, même si leur productivité est inférieure, les personnes handicapées doivent pouvoir travailler dans l'entreprise.

La loi du 11 février 2005, dite loi Handicap, reprend l'obligation d'employer 6 % de travailleurs handicapés (déjà affirmée par les lois précédentes). Mais pour inciter les entreprises à poursuivre davantage cet objectif, l'État a choisi d'alourdir les pénalités liées à l'option : payer une contribution financière à l'Agefiph (*cf. supra*, 7 et 10).

Les seniors

Le cas des seniors est, sur le fond, sensiblement différent. On note d'abord que l'attitude de l'État a radicalement changé : alors qu'il a permis ou encouragé les pré-retraites pendant plusieurs décennies, il exhorte aujourd'hui les entreprises à favoriser le maintien dans l'emploi ou le recrutement des seniors (*cf.* encadré). Ce revirement s'explique, prioritairement, par des raisons économiques : en l'occurrence l'équilibre financier du système des retraites, même si le principe de non-discrimination selon l'âge (qui n'a guère été invoqué lors des périodes de recours massif aux préretraites !) peut être utilisé en renfort.

Ensuite, le mode d'incitation utilisé par le plan seniors, imposé à partir de 2010, laisse plus d'autonomie aux entreprises que la loi Handicap. Il peut s'agir d'un plan d'action unilatéral et non pas nécessairement d'un accord négocié avec les organisations syndicales. En outre, l'objectif global de maintien dans l'emploi ou de recrutement des salariés âgés est à l'initiative de l'entreprise : il peut être modeste. De plus, les objectifs et indicateurs chiffrés qui visent à suivre l'application des dispositions favorables dans trois domaines peuvent concerner, en fait, des variables de moyens (par exemple, nombre d'entretiens professionnels, de bilans de compétences, de VAE ou taux d'accès à la formation...) qui ne garantissent pas un impact certain sur l'emploi des seniors. Enfin, il n'y a pas de sanction prévue en cas de non-respect de l'accord ou du plan (sauf à saisir la justice...).

L'EMPLOI DES SENIORS : DE NOUVELLES OBLIGATIONS POUR 2010

Les entreprises d'au moins 50 salariés sont soumises à l'obligation de conclure un accord ou de mettre en place un plan d'action unilatéral en faveur de l'emploi des seniors pour 2010. Dans le cas contraire, elles se verront appliquer une pénalité équivalente à 1 % de la masse salariale (sauf en cas d'accord de branche, validé et étendu, pour les entreprises de 50 à 299 salariés). Cette mesure est congruente avec d'autres dispositions : recul de l'âge de mise à la retraite d'office (*cf. supra*, 15), obligation de déclarer à l'Urssaf le départ des salariés de 55 ans et plus...

Ces accords ou plans d'action, d'une durée de trois ans maximum, doivent comporter un *objectif global* de maintien dans l'emploi des salariés de 55 ans et plus ou de recrutement des salariés de 50 ans et plus.

Ils prévoient également des dispositions favorables au maintien de l'emploi des seniors dans au moins trois des six domaines suivants :

- recrutement des salariés âgés en entreprise ;
- anticipation de l'évolution des carrières professionnelles ;
- amélioration des conditions de travail et prévention des situations de pénibilité ;
- développement des compétences et des qualifications et accès à la formation ;
- aménagement des fins de carrière et de la transition entre activité et retraite ;
- transmission des savoirs et des compétences et développement du tutorat.

À chaque disposition favorable retenue, doivent être associés un objectif chiffré et un indicateur permettant de mesurer les progrès réalisés.

On trouvera une aide et des illustrations sur les sites :

www.emploidesseniors.gouv.fr

www.priorite-seniors.fr (Anact)

22. Comment bâtir des dispositifs d'accompagnement des mobilités et faire appel au volontariat ?

L'entreprise doit construire des dispositifs d'accompagnement des mobilités. Cette tâche résulte pour une part des obligations que lui impose la législation sociale. Pour y satisfaire, l'entreprise utilise, de façon la plus appropriée, le cadre institutionnel existant, qu'il s'agisse, par exemple, des dispositifs de la formation professionnelle continue ou des différents congés institués pour gérer les transitions professionnelles.

Il ne suffit donc pas d'appliquer des mesures mais de bâtir des dispositifs d'accompagnement adaptés à la situation spécifique de l'entreprise. Bien que l'environnement institutionnel soit contraint, l'entreprise dispose, en effet, de certaines marges de choix pour formaliser ses dispositifs de mobilité, par exemple organiser (ou pas) un plan de départs volontaires.

CONSTRUIRE UN DISPOSITIF DE MOBILITÉ : TROIS PRINCIPES BASIQUES

Construire des parcours types de mobilité

Pour rendre lisible le dispositif d'accompagnement des mobilités, l'entreprise doit formaliser des parcours types. Ceux-ci sont classiquement définis en fonction de l'importance des transformations requises. Par exemple, l'entreprise pourra distinguer les quatre types suivants : évolution dans le cadre d'une même fonction, mobilité vers une fonction proche nécessitant seulement une adaptation des compétences, mobilité vers une fonction éloignée exigeant une reconversion professionnelle individuelle, mobilité liée à une restructuration impliquant un projet collectif de reconversion professionnelle...

Bien évidemment, ces projets de mobilité professionnelle ne seront mis en œuvre que lorsque les évolutions désirables seront connues. Toutefois, la formalisation de parcours types auxquels l'entreprise associe des moyens adaptés permet d'anticiper sur les mobilités concrètes à venir. Il est également souhaitable que l'entreprise dispose, *ex ante*, d'une évaluation des coûts correspondant aux différents schémas d'évolution qu'elle aura construits.

Organiser la mobilité de bout en bout

La mobilité n'est pas réductible au suivi d'une formation. Celle-ci sera délivrée à fonds perdus si une attention suffisante n'a pas été accordée à l'avant et à l'après-formation. Il est, en effet, nécessaire que le salarié puisse être accompagné, avant d'entreprendre une formation donnée, pour réfléchir à sa nouvelle orientation, faire le bilan de ses compétences, évaluer son potentiel et connaître ses intérêts (l'entreprise lui donnera, par exemple, la possibilité de découvrir de nouveaux métiers).

Pareillement, la période d'après-formation, c'est-à-dire la phase d'intégration/adaptation dans l'entité d'accueil, doit également être organisée *ex ante*.

Susciter des candidatures à la mobilité

Il ne sert à rien d'organiser des parcours de mobilité si, au final, les salariés éligibles refusent de s'y engager. Ceux-ci arbitrent, en effet, à partir de leur perception des coûts-avantages de l'opération. L'entreprise influence le niveau de ces variables, monétaires mais aussi psychologiques. Elle réduit, par exemple, certaines peurs par l'octroi de garanties au salarié mobile : clause de retour en cas d'échec, reprise de l'ancienneté, compensation du différentiel de rémunération, aides à la mobilité géographique...

S'agissant des projets de mobilité, les managers de proximité ont un rôle évident à jouer, d'information et de conseil, même s'il convient aussi de contrôler leur pouvoir pour éviter des phénomènes de sélection adverse. L'entreprise peut aussi créer, en sus des traditionnels conseillers carrière, une structure *ad hoc* pour gérer l'ensemble des aspects de la mobilité interne et externe (élaboration, validation et suivi des projets) dès lors que l'ampleur des changements à mettre en œuvre le justifie. Ces mobilités peuvent prendre la forme de départs volontaires.

ORGANISER LES DÉPARTS VOLONTAIRES

Pourquoi ?

Des configurations diverses

Les configurations possibles d'appel au volontariat sont diverses : le plan de départs volontaires peut être adossé à un PSE (un PSE étant par ailleurs, possible sans départs volontaires) mais des départs volontaires peuvent être également organisés, sans recours à un PSE mais en lien avec un accord de GPEC prévoyant des mesures d'accompagnement pour les salariés occupant des emplois menacés. En outre, selon les cas, le plan de départs volontaires est négocié ou décidé unilatéralement par l'entreprise.

La conclusion d'accords de méthode pour développer les alternatives aux licenciements économiques (*cf.* art. L. 1233-21 et L. 1233-22) ne dispense pas l'employeur de son obligation d'adaptation et de reclassement (art. L. 1233-23), ni de ses obligations d'information/consultation du comité d'entreprise sur le projet de restructuration et sur la communication des renseignements prévus à l'article L. 1233-31 : raisons économiques, financières et techniques, du projet de licenciement, nombre des licenciements envisagés, catégories concernées et critères d'ordre...

Le recours aux départs volontaires ne peut donc être un moyen de contourner la législation sur les licenciements économiques [1]. En conséquence, un plan de départs volontaires ne suscitera des candidatures que si le différentiel, par rapport aux licenciements économiques, en termes d'indemnités et de mesures d'accompagnement, est significatif.

Des avantages...

Recourir aux départs volontaires présente l'avantage pour l'entreprise de pouvoir cibler les postes et les populations éligibles alors que l'ordre des licenciements est contraint dans un PSE et, en pratique, souvent fonction de l'ancienneté. Un plan de départs volontaires accroît donc l'autonomie de l'entreprise dans la gestion d'un problème de sureffectif mais aussi pour procéder à un renouvellement du personnel.

En outre, l'appel au volontariat permet d'échapper à l'effet négatif, en termes d'image, produit par un PSE. S'agissant des salariés, l'appel au volontariat est moins traumatisant que le caractère contraint et forcé du licenciement économique sauf lorsque les salariés éligibles sont l'objet de pressions psychologiques au départ... D'autres pourront, à l'inverse, négocier les conditions de leur maintien ou revendiquer d'être éligibles.

Enfin, un plan de départs volontaires comporte un risque judiciaire potentiellement moins élevé puisque la rupture du contrat de travail y résulte d'un commun accord [2]. Toutefois, un plan de départs volontaires contient des engagements de la part de l'entreprise, qu'elle a intérêt à respecter... [3].

... mais aussi des risques

Le risque classiquement souligné d'un plan de départs volontaires est la désorganisation qui peut s'en suivre. Celle-ci est la conséquence de défaillances dont les effets sont

1) La « rupture conventionnelle » (séparation à l'amiable) est, de son côté, une démarche individuelle qui ne peut être utilisée dans le cadre d'un PSE ou d'un accord GPEC.

2) On a vu (*cf.*, 19) que, s'agissant d'un PSE, la cause réelle et sérieuse des licenciements économiques et l'obligation de reclasser pouvaient être à la source de problèmes dès lors que leur appréciation impliquait de se placer au niveau du groupe.

3) Par exemple, le juge des référés du TGI de Nanterre, par décision en date du 16 janvier 2009, a suspendu le plan de réduction d'effectifs de Capgémini au motif que les procédures fixées dans l'accord de GPEC du 9 mai 2005 n'étaient pas respectées en ce que les critères sélectifs d'ouverture au volontariat aboutissaient, en fait, à « un volontariat contraint ». Un protocole d'accord (qui a mis fin au contentieux) a été signé le 5 février 2009 entre la direction de Capgémini et cinq syndicats du groupe. Des garanties ont été apportées pour que les candidats au départ soient de « vrais volontaires ». Voir *dépêche AEF* nº 109817.

susceptibles de se combiner : l'entreprise a mal contrôlé les départs (en laissant partir des détenteurs de compétences clés engendrant des « trous organisationnels ») et/ou a mal géré les conséquences des départs en ne prévoyant pas des moyens en formation suffisants pour procéder aux adaptations et aux reconversions nécessaires des restants (compte tenu des postes libérés par les partants). Il en résulte parfois des situations cocasses de recours à l'intérim et même de réembauche des partants !

Plus généralement, les moyens à engager pour gérer les conséquences des départs volontaires doivent être d'autant plus importants que la sélectivité concernant les critères d'éligibilité est plutôt faible. Quoi qu'il en soit, l'exploitation des avantages et la prévention des risques d'un plan de départs volontaires dépendront, *in fine*, de la qualité de sa conception et de sa mise en œuvre.

Comment ?

L'entreprise effectue des choix concernant les trois points suivants.

Définir les critères d'éligibilité

Ceux-ci sont relatifs aux emplois (unité, fonction, catégorie professionnelle ou socio-professionnelle : ouvriers, ATAM, cadres...), et/ou aux populations. Dans ce dernier cas, l'entreprise pouvait, par exemple, proposer un dispositif de cessation anticipé d'activité, accessible aux salariés âgés de 55 ans et plus. Mais cette possibilité est dorénavant limitée du fait des accords ou plans d'action seniors (*cf. supra*, 22). Autre exemple : le critère cible les salariés ayant un projet, ce dernier étant défini de façon plus ou moins large (création ou reprise d'entreprise, CDI ou CDD, formation qualifiante ou diplômante...).

Il est évidemment souhaitable que la définition des critères d'éligibilité s'appuie sur la typologie des emplois élaborée dans le cadre de la GPEC et utilise les résultats de la prospective : identification des métiers en déclin et plus généralement des métiers sensibles. Cette définition doit toutefois préserver une certaine latitude : les volontaires ne doivent pas être désignés par des critères d'éligibilité trop pointus.

Pour éviter la déperdition de compétences clés, le texte de l'accord de GPEC précisera que le salarié ne doit pas posséder un savoir-faire particulier rendant son remplacement délicat et son départ préjudiciable pour l'entreprise. Il est, dans cette perspective, souhaitable que l'entreprise ait une connaissance nominative de ses salariés experts, détenteurs de compétences stratégiques dans les différents métiers constitutifs de son domaine d'activité. Cette non-éligibilité peut créer des attentes, voire engendrer la revendication de contreparties...

Il existe également un risque de sélection adverse qu'il faut contrôler s'il est vrai que ceux qui partent sont susceptibles d'être les meilleurs... parce qu'ils ont le plus de facilités pour saisir les opportunités externes. Par effet de contagion, ces départs peuvent aboutir à décimer une équipe.

Formaliser les procédures

En sus du respect des procédures d'information/consultation du comité d'entreprise (définies par la loi ou négociées dans l'accord de méthode), l'entreprise fixe la durée de la phase de volontariat en fonction du projet considéré et prévoit la possibilité de la modifier en fonction de l'évolution de la situation.

L'entreprise précise également les modalités de dépôt et d'examen des candidatures au volontariat ainsi que les critères de sélection en cas de candidats en surnombre.

Enfin, pour prévenir la désorganisation potentielle qui résulte d'un plan de départs volontaires et des « effets domino » qu'il autorise, il sera utile de disposer de référentiels métiers pour contrôler, *ex post*, la montée en compétences.

Définir les indemnités et les mesures d'accompagnement

En sus de l'indemnité de départ, le volontaire bénéficie d'un accompagnement à la mobilité, externe ou interne, fonction de son projet professionnel. Celui-ci est immédiat ou exige, selon sa nature, une formation de reconversion ou un parcours préparant à la création d'entreprise. Les conditions de cette période de transition seront régies par un congé dont les modalités auront été négociées par l'entreprise (*cf. supra*, 19).

Comme déjà indiqué, il est souhaitable que l'ensemble des avantages octroyés aux volontaires soit de nature à susciter un nombre suffisant de candidatures. Cela dépend du niveau des indemnités (comparées aux indemnités de licenciement) et de la qualité de l'accompagnement mais aussi du bassin d'emploi et de la situation économique générale. Pour aider à la réalisation de leurs projets professionnels, l'entreprise peut organiser un forum et mettre en contact les volontaires avec les autres entreprises du bassin d'emploi. Ceci plaide pour une gestion territoriale des emplois et des compétences (*cf. infra*, 25).

23. Comment utiliser la formation pour l'accompagnement des mobilités ?

L'accompagnement des transitions professionnelles implique, le plus souvent, un recours à la formation (l'article L. 2242-15 imposant l'obligation de négocier sur la GPEC y fait, du reste, explicitement référence). Le manager RH aura, ainsi, à construire les liens entre GPEC et formation. Mais, pour ce faire, il lui faut connaître le système de formation professionnelle continue (dispositifs, institutions, obligations...) pour en exploiter au mieux les possibilités.

CONNAÎTRE LE SYSTÈME DE FORMATION PROFESSIONNELLE CONTINUE

La présentation ici faite a pour objectif d'analyser l'architecture du système ainsi que d'en montrer les possibilités en matière d'accompagnement des transitions professionnelles. On trouve des fiches pratiques sur les dispositifs existants (par ailleurs évolutifs) sur de nombreux sites dont celui du Centre Inffo (Centre pour le développement de l'information sur la formation permanente), association sous tutelle du ministère de l'Économie (www.centre-inffo.fr). Les accords de GPEC présentent, classiquement, les différents dispositifs de formation (CIF, DIF, VAE...) en indiquant les décisions prises au niveau de la branche et les spécificités éventuellement introduites par l'entreprise.

Un système coconstruit par l'État et les partenaires sociaux

La formation professionnelle tout au long de la vie comme objet de loi

La formation continue est, en France, un système fortement institutionnalisé, domaine d'intervention du législateur. Elle constitue l'objet de la 6e partie du Code du travail. La dernière loi en date est celle du 24 novembre 2009, relative à l'orientation et à la formation professionnelle tout au long de la vie, faisant suite à l'ANI du 7 janvier 2009, signé par l'ensemble des partenaires sociaux. Elle amende sur différents points la loi du 4 mai 2004 (elle-même précédée par l'ANI du 5 décembre 2003).

Sans procéder à un historique, disons seulement que certaines caractéristiques du système sont anciennes : l'obligation de financement de la formation date ainsi de la loi du 16 juillet 1971...

Un rôle important dévolu à la branche professionnelle

La branche joue un double rôle : elle est une instance de négociation et un espace de mutualisation de certains fonds de la formation professionnelle continue.

La branche comme instance de négociation

L'article L. 2241-6 stipule, en effet, que « *les organisations liées par une convention de branche ou, à défaut, par un accord professionnel se réunissent au moins tous les trois ans pour négocier sur les priorités, les objectifs et les moyens de la formation professionnelle des salariés* ».

L'article 14 de la loi de 2009 pointe certains des objets sur lesquels devront porter les négociations à venir : égalité d'accès à la formation des salariés, portabilité du DIF, VAE, accès aux certifications, mise en place du passeport orientation-formation et développement du tutorat.

La branche comme espace de mutualisation de certaines ressources de la FPC

La loi impose aux entreprises une obligation de financement de la formation en distinguant trois types d'affectation : plan de formation, CIF, professionnalisation (voir ci-dessous). Une partie de ces ressources sont mutualisées au niveau de la branche. Il convient toutefois de distinguer :

- les versements obligatoires, au titre de ce qui est dénommé la professionnalisation, collectés par les organismes paritaires collecteurs agréés (Opca) dont la création date de 1993 avec la mise en place de contrats en alternance ;
- les versements obligatoires aux Opca, au titre du plan de formation, par les petites entreprises, de moins de 10 salariés ;
- les versements, résultant d'obligations conventionnelles s'appliquant aux entreprises de 10 salariés et plus, lorsque ces dernières décident collectivement de mutualiser une partie de leurs ressources dédiées au plan de formation [1].

La création du FPSPP

La loi de 2009 a créé le fonds paritaire de sécurisation des parcours professionnels (FPSPP) pour permettre de renforcer les politiques en faveur de la qualification ou de la

1) Ces sommes étaient antérieurement collectées par les FAF (Fonds d'assurance formation). À partir de 1993, ces organismes pourront être agréés pour gérer également les fonds versés obligatoirement au titre de la professionnalisation.

requalification, d'une part des salariés dont le déficit de formation fragilise le maintien ou l'évolution dans l'emploi, d'autre part des demandeurs d'emploi. Ce fonds, appelé à remplacer le FUP [1], est financé par ponction (comprise entre 5 et 13 %) sur les obligations légales au titre de la formation.

Un système instituant certains liens entre financement et initiative de la formation

La loi institue une obligation de financement de la formation (qui n'est pas, *stricto sensu*, une obligation de former) : l'entreprise doit, en effet, y consacrer, au minimum, 1,6 % des rémunérations versées pendant l'année en cours [2]. Ce minimum légal doit, en outre, respecter la clé de répartition suivante.

0,9 % au titre du plan de formation

- Le plan de formation regroupe l'ensemble des actions de formation qui sont à l'initiative de l'employeur.
- La loi de 2009 regroupe en deux les trois catégories d'action définies par la loi de 2004 : il s'agit d'une part des « actions d'adaptation du salarié au poste de travail ou liées à l'évolution ou au maintien dans l'emploi dans l'entreprise » et d'autre part, des « actions de développement des compétences du salarié ».

0,2 % au titre du Congé individuel de formation (CIF)

- Le CIF, disons classique, qui a été instauré en 1971, est à l'initiative du salarié.
- Il lui permet de suivre des actions de formation lourdes (jusqu'à 1 200 heures ou un an à temps complet), lui donnant la possibilité d'accéder à un niveau supérieur de qualification ou de changer d'activité ou de profession... (cf. art L. 6322-1). Ce congé, individuel, réduit donc la dépendance du salarié à l'égard de l'offre de formation de l'entreprise : il lui donne la possibilité de suivre une formation de son choix, en étant rémunéré.
- La demande de prise en charge est faite par le salarié auprès de l'organisme collecteur de la contribution de l'entreprise au titre du CIF (Opacif – Fongecif – Agecif). La contrainte budgétaire ne permet généralement pas de satisfaire toutes les demandes [3].
- Les salariés en CDD ne sont pas exclus du CIF : l'entreprise verse à l'organisme collecteur une contribution spécifique (1 % des rémunérations versées aux salariés en CDD).

1) Le Fonds unique de péréquation, créé en avril 2009, avait été proposé par les partenaires sociaux, dans le cadre de l'ANI du 7 janvier 2009 sur la formation, dans l'objectif de former les salariés les plus fragilisés par la crise survenue en 2008.

2) Ce taux minimum s'applique, en principe, aux entreprises de 10 salariés et plus. En pratique, compte tenu des exonérations, le taux n'est que de 1,15 % pour les entreprises de 10 à moins de 20 salariés. Il est de 0,55 % pour les entreprises de moins de 10 salariés.

3) Le nombre des bénéficiaires du CIF (classique) est d'environ 30 000 à 40 000 personnes par an.

- Au CIF classique, la loi de 2009 ajoute un CIF hors temps de travail (art. 10). Le salarié n'est pas rémunéré mais bénéficie d'une prise en charge de ses frais de formation.
- L'entreprise peut s'engager, dans le cadre d'un accord GPEC, à contribuer au financement du CIF (en sus de l'engagement de l'Opacif) si les compétences visées répondent à un besoin interne.

0,5 % au titre de la professionnalisation

Ce qu'il faut entendre par professionnalisation

Les actions de professionnalisation reposent sur le principe de l'alternance : elles associent enseignements généraux et professionnels et acquisition de savoir-faire en vue de l'acquisition d'une qualification professionnelle au sens de l'article L. 6314-1 : certification enregistrée dans le répertoire national des certifications professionnelles, qualification reconnue dans les classifications des conventions collectives ou par les CPNE des branches professionnelles...

Les deux modalités de la professionnalisation

La contribution versée à l'Opca sert au financement de deux types de dispositif : les contrats de professionnalisation et les périodes de professionnalisation.

Le contrat de professionnalisation est notamment ouvert aux jeunes en insertion professionnelle ainsi qu'aux demandeurs d'emploi (*cf.* art. L. 6325-1 à 24 et article 23 de la loi de 2009). Il s'ajoute au dispositif plus ancien du contrat d'apprentissage. La période de professionnalisation est détaillée ci-après.

La période de professionnalisation

Qui ?

La période de professionnalisation (PP) est destinée à favoriser le maintien dans l'emploi des salariés en CDI au sein desquels sont définis des publics prioritaires du fait de la loi ou de l'accord de branche.

La PP est ainsi prioritairement ouverte aux salariés dont la qualification est insuffisante, aux salariés ayant au moins vingt ans d'activité professionnelle ou âgés de 45 ans et plus ayant au moins un an d'ancienneté dans l'entreprise, aux salariés envisageant la création ou la reprise d'une entreprise, aux femmes de retour de congé de maternité ou aux parents après un congé parental, aux travailleurs handicapés ou accidentés (*cf.* art L. 6324-2).

L'accord de branche peut allonger cette liste. Il en résulte que l'entreprise aura à mettre en place une commission et à fixer des règles d'arbitrage pour choisir au mieux entre les candidats prioritaires dont elle demandera la prise en charge par l'Opca. Une demande à l'initiative du salarié est également possible.

Quoi ?

Les actions au titre de la période de professionnalisation doivent permettre l'acquisition d'une qualification professionnelle (au sens précité). Elles seront réalisées dans le cadre de différents dispositifs (DIF et plan de formation) et se dérouleront pendant le temps de travail ou, en tout ou partie, en dehors du temps de travail.

Les possibilités offertes par le DIF

Pourquoi le DIF est-il individuel ?

Le DIF, institué par la loi de 2004, est dit individuel car il est à l'initiative du salarié qui formule par écrit sa demande de formation. Cette proposition doit être agréée par l'employeur. Ce dernier a le pouvoir de la refuser mais ce refus ne peut pas être systématique. L'intention du législateur est que le pouvoir d'initiative donné au salarié (qui s'ajoute à celui du CIF) débouche, grâce à des échanges possibles, sur un accord avec l'employeur.

À quoi donne droit le DIF ?

Le DIF octroie au salarié un crédit de 20 heures de formation par an, cumulable sur six ans, soit 120 heures au total. À défaut d'utilisation, le DIF reste plafonné à 120 heures.

Pour les salariés en CDD ou à temps partiel, le droit est calculé *prorata temporis*.

L'entreprise peut procéder à des abondements du DIF pour favoriser la réalisation de certains objectifs. Par ailleurs, la possibilité d'anticiper la consommation du DIF confère de la souplesse.

Quelles sont les formations éligibles au titre du DIF ?

Il n'existe pas de contribution spécifique dédiée au financement du DIF. En pratique, les actions éligibles au DIF constituent un ensemble, plutôt large, empruntant aux divers dispositifs existants. Des priorités peuvent être définies au niveau de la branche ou de l'entreprise. À défaut d'un tel accord collectif, les actions éligibles au titre du DIF devront appartenir à la liste (très large) des formations énumérées par l'article L. 6323-8.

En pratique, le droit au titre du DIF est utilisé dans le cadre du plan de formation (du moins, certaines de ses actions), de la période de professionnalisation, de la VAE, du bilan de compétences... Pour ces raisons, le DIF constitue un moyen mobilisable pour l'accompagnement des transitions professionnelles. Sa portabilité constitue un argument supplémentaire.

En quoi consiste la portabilité du DIF ?

Le principe de la portabilité du DIF a été affirmé par l'ANI du 11 janvier 2008 sur la modernisation du marché du travail. Sur le fond, il s'agit de permettre au salarié qui change d'entreprise ou de situation (qui devient, par exemple, demandeur d'emploi) de bénéficier du nombre d'heures acquises mais non utilisées au titre du DIF. L'article 6 de la loi de 2009 ainsi que le décret paru au *JO* du 19 janvier 2010 apportent des précisions à cet égard [1].

La possibilité de valider les acquis de l'expérience

- La VAE, dispositif créé en 2002, a pour objet l'acquisition d'un diplôme, d'un titre à finalité professionnelle ou d'un CQP, enregistrés dans le RNCP.
- La validation est totale ou partielle. Elle est effectuée par un jury dont la composition garantit une présence significative de représentants qualifiés des professions concernées. La durée minimale d'activité requise du salarié ne peut être inférieure à trois ans.
- La VAE ne peut être réalisée qu'avec le consentement du travailleur (art. L. 6421-1). Celui-ci peut bénéficier d'un congé et demander une prise en charge des dépenses afférentes à l'Opca (auquel l'employeur verse la contribution au titre du CIF).
- La négociation de branche mais aussi la politique menée par l'entreprise peuvent jouer un rôle important en la matière au travers de dispositions incitatives concernant les modalités d'information et de prise en charge des dépenses afférentes à la VAE.

Une variété de dispositifs pour élaborer un projet professionnel

Le trait commun de tous ces dispositifs est de « faire le point » en vue de se projeter dans l'avenir : en l'occurrence, élaborer un projet professionnel et déterminer les moyens (par exemple, en matière de formation) qui contribuent à sa réalisation.

Le bilan de compétences

- Il a été institué par la loi du 31 décembre 1991.
- Il est à l'initiative du salarié ou de l'entreprise (dans ce dernier cas, le salarié n'est pas tenu d'en communiquer les conclusions à l'employeur). Ce bilan, dont la durée ne peut excéder 24 heures, doit permettre au salarié de mieux évaluer ses compétences et ses aspirations pour définir un projet d'évolution et/ou de formation.

1) Les crédits correspondants peuvent servir à financer tout ou partie d'une action de bilan de compétences, de VAE ou de formation. Les conditions d'utilisation dépendent de la période à laquelle le salarié fait sa demande : pendant le préavis ou après. Dans ce dernier cas, le salarié demande à utiliser ses droits soit pendant sa période de prise en charge par Pôle emploi, soit auprès de son nouvel employeur dans les deux ans suivant l'embauche.
Dans le cas d'un changement d'entreprise, la portabilité du DIF est opérée *via* les Opca. Si le nouvel employeur refuse la formation, celle-ci peut quand même avoir lieu, hors temps de travail. Mais le salarié reste tributaire des priorités de l'Opca de la nouvelle entreprise.

– Il est réalisé par un centre prestataire extérieur à l'entreprise [1] et peut bénéficier de la prise en charge par l'Opca.

L'entretien professionnel

– Il a été proposé par l'ANI du 5 décembre 2003 sur la formation mais ne constitue pas une obligation légale : son application est fonction des accords de branche.
– Il est organisé au minimum tous les deux ans. Il a lieu à l'initiative de l'employeur ou du salarié. Sa finalité est de permettre au salarié d'élaborer un projet professionnel en échangeant sur les possibilités d'évolution à moyen terme et les actions à mettre en œuvre, à cet effet. La question de l'utilisation du DIF doit être abordée.

L'entretien dit de deuxième partie de carrière

– Il s'agit d'un entretien obligatoire à compter du 45e anniversaire du salarié et renouvelé ensuite tous les cinq ans (ANI du 9 mars 2006 relatif à l'emploi des seniors et arrêté ministériel du 12 juillet 2006).
– L'article 13 de la loi de 2009 stipule que les entreprises d'au moins 50 salariés doivent organiser, pour chacun de leurs salariés, dans l'année qui suit leur 45e anniversaire, « *un entretien professionnel au cours duquel elles les informeront de leurs droits en matière d'accès à un bilan d'étape professionnel, à un bilan de compétences ou à une action de professionnalisation* ».

Le bilan d'étape professionnel

Bien que le principe de ce bilan ait été affirmé dès l'ANI du 11 janvier 2008 sur la modernisation du marché du travail, ses conditions de mise en œuvre restent à fixer.

L'article 12 de la loi de 2009 stipule que le salarié doit être informé, à l'occasion de son embauche, qu'il peut bénéficier, à sa demande, d'un BEP (s'il dispose de deux années d'ancienneté). Toujours à sa demande, ce bilan peut être renouvelé tous les cinq ans. Il a pour objet, à partir d'un diagnostic réalisé en commun par le salarié et son employeur, « *de permettre au salarié d'évaluer ses capacités professionnelles et ses compétences et à son employeur de déterminer les objectifs de formation du salarié* ».

Le passeport orientation et formation

Le principe de la création d'un passeport formation, à l'initiative du salarié, a été affirmé dès l'ANI du 5 décembre 2003, empruntant à une initiative européenne [2]. L'article 12 de la loi de 2009 réaffirme qu'un passeport orientation/formation doit être mis à la disposition de toute personne [3]. Il recense toutes les informations utiles

1) À noter l'importance des CIBC (Centres interinstitutionnels de bilans de compétences) et de leur fédération nationale.

2) Voir www.passeportformation.eu

3) Il est également envisagé, à titre expérimental, la mise en œuvre d'un livret de compétences pour les élèves des premier et second degrés (*cf.* art. 11 de la loi de 2009).

pour décider de l'orientation et/ou de la formation, ces informations concernant tout à la fois la formation initiale et la formation continue. Toutefois, l'employeur ne peut pas exiger que le salarié, à l'occasion d'une embauche, lui présente son passeport.

ARTICULER GPEC ET FORMATION

L'élaboration du plan de formation oblige le manager RH à construire des liens entre la politique de l'entreprise et les changements de l'environnement d'une part et les actions de formation d'autre part. Elle l'oblige également à informer/consulter le comité d'entreprise sur ces questions [1]. La GPEC conduit à approfondir ce type de démarche en l'inscrivant dans un horizon pluriannuel. Les trois points suivants doivent être traités, dans le respect des dispositions adoptées au niveau de la branche et en cohérence avec un éventuel accord de l'entreprise sur la formation professionnelle.

Qui prend l'initiative

L'initiative de l'entreprise

Il existe généralement des procédures qui régissent ce qu'on pourrait appeler la gestion ordinaire des évolutions professionnelles. L'élément novateur apporté par la GPEC est d'élargir la responsabilité de l'entreprise en lui conférant un rôle premier dans l'identification des métiers menacés de disparition ou des métiers sensibles pour lesquels des changements significatifs sont attendus. Dans cette perspective, il appartient à l'entreprise de prendre l'initiative de contacter les salariés qui occupent ces emplois pour leur proposer de les accompagner dans leur nécessaire évolution (*cf. supra*, 21).

Ensuite, cette même préoccupation des évolutions à moyen terme peut aussi conduire l'entreprise à cibler des salariés, non pas en fonction de l'emploi occupé, mais en raison de leurs caractéristiques particulières qui donnent à penser que leur employabilité pose problème : il s'agit d'une approche catégorielle (les plus de 45 ans) ou plus individuelle (les salariés n'ayant bénéficié d'aucune formation pendant une durée donnée).

L'initiative du salarié

Il est, généralement, dans l'intérêt de l'entreprise de mettre en place des procédures qui permettent aux salariés d'exprimer leur projet personnel d'évolution et de formation. Il en résulte des avantages potentiels en termes d'implication du personnel mais aussi du point de vue de la qualité de l'appariement au poste.

1) Le comité d'entreprise doit être consulté sur les *orientations générales* de l'entreprise en matière de formation. Il doit, en outre, pouvoir se prononcer sur le plan de formation : deux réunions doivent être programmées pour dresser le bilan du plan de formation de l'année écoulée, pour examiner l'avancement du plan en cours et pour débattre du prochain plan de formation.

L'entreprise peut également encourager l'initiative des salariés même si leur projet ne correspond pas à un besoin interne. Elle aide ainsi les salariés dans leur projet de reprise ou de création d'entreprise. Outre l'impact en termes de réseau, cet encouragement à l'expression des initiatives individuelles facilite, évidemment, le jeu des « effets domino ».

Quel est le type de parcours correspondant au projet professionnel ?

Il est souhaitable que l'entreprise dresse une typologie des parcours formations praticables. Elle pourra distinguer, par exemple, les types suivants :

- formation d'adaptation à un poste identifié ;
- formation de reconversion vers un autre métier ;
- formation finalisée par l'acquisition d'un diplôme ou d'une qualification.

Pour chacun des parcours formations, on indique les dispositifs institutionnels utilisables (éventuellement complétés par des solutions maison) : catégories du plan de formation, DIF, période de professionnalisation, VAE et CIF...

Plus largement, l'entreprise doit aussi déterminer les conditions de dépôt et d'examen des dossiers et les décideurs ayant le pouvoir de valider le projet professionnel.

Quel sera l'engagement de l'entreprise ?

Pour chaque type de parcours formations, l'entreprise indique l'importance de son engagement : montant maximum des frais pédagogiques ainsi que des frais de transport et d'hébergement, garanties concernant la rémunération du stagiaire selon que la formation a lieu pendant le temps de travail ou en dehors, solutions de substitution en cas de refus de l'organisme collecteur... L'accord de GPEC peut, par ailleurs, imposer la consommation prioritaire du DIF...

Plus généralement, il est logique que l'engagement financier soit différencié selon les avantages respectifs pour l'entreprise et pour le salarié du projet professionnel considéré.

Quoi qu'il en soit, une estimation prévisionnelle des coûts d'accompagnement des différents types de mobilité, à la charge de l'entreprise, est très souhaitable.

24. Comment augmenter l'efficacité de la formation ?

LES RECOMMANDATIONS USUELLES...

La formation est un moyen d'accompagnement des transitions professionnelles. Mais son efficacité a plutôt le caractère d'une variable endogène : elle dépend de la démarche suivie par l'entreprise. On reprend ici trois points dont l'importance est classiquement soulignée.

Définir *ex ante* les objectifs de la formation

Définir les objectifs de la formation *ex ante* (par exemple, en termes de savoirs ou de savoir-faire à maîtriser) est nécessaire pour en évaluer l'efficacité *ex post*.

À l'issue de la formation, on vérifie ainsi, au moyen de contrôles appropriés, que les compétences visées ont bien été acquises. Ces acquisitions sont attestées par des certifications et consignées dans le passeport orientation/formation...

Prévoir l'après-formation dès avant la formation

La réussite de la formation suppose que les compétences acquises puissent être effectivement utilisées. Si cette condition n'est pas satisfaite, les compétences acquises risquent de disparaître : une compétence s'use si on ne s'en sert pas.

Les actions de l'entreprise visant à développer la connaissance que le salarié peut avoir de sa situation future (contacts avec le site d'accueil, échanges avec les praticiens du métier...) contribuent à réduire les risques de l'après-formation...

Rationaliser les coûts de la formation

Plusieurs éléments y contribuent : choix d'organiser la formation pendant ou en dehors du temps de travail selon son coût d'opportunité et la rémunération octroyée au bénéficiaire de la formation, utilisation des possibilités existantes en matière de subventions publiques, recours optimisé aux ressources de la formation mutualisées par les Opca, contribution du salarié à la formation lorsque cette dernière est source pour lui d'avantages essentiels, choix de la modalité de formation la plus adaptée, décision de produire soi-même ou d'acheter la formation...

Au-delà de ces principes généraux, il est nécessaire de s'interroger sur l'impact réel de la formation comme moyen de développer l'employabilité et comme moyen d'accompagnement des transitions professionnelles.

LA FORMATION PERMET-ELLE DE DÉVELOPPER L'EMPLOYABILITÉ ?

On connaît le discours : faute de pouvoir garantir un emploi à ses salariés, tout au long de leur vie, l'entreprise se doit de développer leur employabilité pour les aider à transiter d'un emploi à un autre. De quelle façon et dans quelle mesure la formation peut-elle y contribuer ? On apportera des éléments de réponse à cette question en axant l'analyse sur trois propositions.

Pour accumuler du capital humain, il faut connaître l'emploi cible

L'apport potentiel de la GPEC

Commençons par une évidence : on ne peut pas se reconvertir par avance à un métier dont on ignore la nature. En revanche, il est possible d'épargner du temps qui, le moment venu, sera utilisé pour se former (ce peut être l'esprit du DIF).

Bref, la reconversion à un autre métier sera d'autant plus facile qu'on dispose de garanties sur les moyens de se former et qu'on sait à quoi se former. Or, la GPEC agit à ces deux niveaux. Par exemple, elle peut jouer sur la capacité et la rapidité à identifier les emplois cibles : prospection des emplois disponibles au sein de l'entreprise, au niveau des entreprises partenaires et/ou au niveau territorial. Elle favorise aussi des arrangements institutionnels qui permettent d'allonger la période de reconversion, de maintenir le lien contractuel du salarié avec l'entreprise et de lui éviter le passage par le chômage...

La certification des compétences

Certifier des compétences pour augmenter l'employabilité externe

Il est des cas où la connaissance de l'emploi cible n'est pas le problème. Les compétences existent déjà (plus ou moins) mais elles ne sont pas reconnues par une certification. Une telle situation entrave d'éventuelles mobilités *externes* devenues nécessaires. Dans une telle configuration, l'entreprise augmente l'employabilité de ses salariés en engageant une démarche collective de VAE (*cf. supra*, 23). Cela dit, la VAE peut aussi résulter d'une initiative individuelle du salarié.

La VAE n'est pas réductible à une problématique centrée sur l'employabilité

L'entreprise peut aussi engager une démarche de VAE pour valoriser le travail : montrer que l'emploi correspond à un métier et non pas à un « petit boulot ». En renforçant, de la sorte, l'identité professionnelle et l'estime de soi, la VAE est susceptible de doper la motivation au travail.

L'entreprise, *via* la VAE, peut également vouloir attirer et fidéliser certaines catégories de salariés, plutôt non qualifiés, en leur donnant (de façon paradoxale) l'envie de rester parce qu'ils auront ultérieurement la possibilité de partir (1). D'autre part, la VAE comporte des risques : mobilités externes non désirées et revendications salariales (liées à la reconnaissance de la qualification !). L'offre d'une VAE par l'entreprise peut aussi donner à penser au salarié qu'il n'effectue pas correctement son travail...

Développer l'employabilité sans connaître l'emploi cible

Le capital humain se compose d'un ensemble hétérogène de savoirs et savoir-faire : certains sont très spécifiques, d'autres ont une utilité générale et sont applicables dans un large éventail d'emplois.

En conséquence, l'entreprise renforce l'employabilité de ses salariés, c'est-à-dire développe leur capacité à être mobile (en interne ou en externe), en leur permettant d'acquérir ces savoirs basiques, largement transférables, quel que soit l'emploi cible. À titre d'illustration, on indiquera deux voies que l'entreprise peut emprunter.

Développer la capacité à apprendre des salariés peu qualifiés

Certaines formations augmentent la capacité à se former (*trainability*) en développant les aptitudes verbales, la capacité de raisonnement, l'esprit d'analyse et de synthèse. Ces méta-connaissances qui se composent de savoirs tels que distinguer l'essentiel de l'accessoire, extraire l'information pertinente, détecter les liens de causalité entre variables... sont déterminantes de la capacité à apprendre.

On a pu le vérifier dans les années 90 pour les bas niveaux de qualification : avant de songer à augmenter leur stock de savoirs, il est apparu nécessaire de leur apprendre à penser au moyen de méthodes de remédiation cognitive (2).

Il est également admis que l'aptitude à se reconvertir est fonction des situations expérimentées dans le passé : pratique de la polyvalence et fréquence des mobilités internes...

1) Bureau M.-C. et Tuchszirer C., « La VAE : le difficile usage collectif d'un droit individuel », CEE, *Connaissance de l'emploi*, n° 58, octobre 2008.

2) Ginsbourger F., Merle V., Vergnaud G., *Formation et apprentissage des adultes peu qualifiés*, 1992, La Documentation française.

Permettre aux salariés de maintenir ou de développer leurs bases

Le caractère prioritaire de l'activité productive (qui oblige le salarié à avoir « le nez dans le guidon » et qui explique l'importance élevée des formations courtes) entraîne, au fil des années et de façon insidieuse, l'obsolescence des savoirs professionnels basiques. Le salarié finit alors par être dépassé par le changement et ceci peut entraver sa mobilité, en cas d'aléa concernant l'entreprise.

L'impact négatif sur l'employabilité vient de ce que ces savoirs professionnels basiques ont une sphère d'application large : ils concernent les différents emplois d'un même domaine professionnel et, par ailleurs, facilitent l'apprentissage des savoirs opérationnels spécifiques à telle ou telle situation de travail. On conçoit donc que l'obsolescence de ces savoirs basiques entrave la capacité d'adaptation.

Le DIF et le CIF constituent des moyens mobilisables pour veiller à la maintenance et au développement des savoirs basiques. L'entreprise peut aussi permettre à ses salariés de consacrer une partie de leur temps de travail à développer des compétences s'écartant de leur première expertise ou n'ayant pas un caractère directement opérationnel... Tous ces dispositifs, institutionnalisés ou pas, empruntent à la finalité de l'année sabbatique (pratiquée par les universitaires) : suspendre, un moment, l'activité courante du travail pour pouvoir se ressourcer.

L'existence d'un capital humain ne génère pas les conditions de sa demande

Attention au sophisme de composition !

L'employabilité d'un individu est d'autant plus forte que son niveau de formation est élevé. Il s'agit là d'un constat statistique qui n'est guère contesté.

En revanche, ce qui est contestable, d'un point de vue logique, est la généralisation, au plan collectif du système, d'un constat vérifié au niveau individuel : en conséquence, si d'aventure, tous les individus composant la collectivité avaient un niveau de formation élevé (Bac + 5), il n'est pas sûr, pour autant, que tous accèderaient à l'emploi ou seraient préservés du chômage.

L'explication du sophisme de composition est, *in fine*, que l'augmentation du niveau de formation ne s'accompagne pas, *ipso facto*, d'une augmentation équivalente des possibilités d'emploi. Au total, un développement généralisé de la formation pourra modifier les situations individuelles mais ne pas fondamentalement changer la situation du système, au niveau global.

Emploi et formation : qui détermine quoi ?

L'analyse du sophisme de composition renvoie, en fin de compte, à la question des rapports de causalité entre emploi et formation. Celle-ci est complexe. Faute de pouvoir traiter les problèmes de façon exhaustive, on se limitera à deux propositions.

L'offre de formation de l'entreprise dépend de la nature de l'emploi occupé et des changements d'emploi

Il est connu que le taux d'accès à la formation dépend crucialement de la catégorie socioprofessionnelle de l'emploi occupé compte tenu de la taille de l'entreprise : ainsi le taux d'accès à la formation est de 57 % pour les cadres contre 37 % pour les ouvriers même si le taux d'accès à la formation d'un ouvrier d'une grande entreprise (de plus de 1 000 salariés) est supérieur à celui d'un cadre d'une très petite (10-19 salariés) : soit 55 % contre 31 % (1). Ainsi, c'est parce qu'on occupe un emploi peu qualifié qu'on reçoit peu de formation et non pas l'inverse. De même, si on se place d'un point de vue dynamique : c'est l'offre d'évolution professionnelle qui induit l'offre de formation de l'entreprise et non pas l'inverse. Ainsi les salariés âgés sont relativement exclus de la formation parce que l'entreprise ne leur propose plus d'évoluer...

La formation n'est que l'un des nombreux déterminants de l'emploi

Ce qui précède suggère l'idée que la formation résulte de l'emploi plutôt qu'elle ne le détermine. Cette façon de voir est certes simplificatrice, si ce n'est parce que, dans un système, les causalités sont circulaires : les variables sont interdépendantes et interréagissent. Toutefois, même si on admet que la qualité du capital humain d'une entreprise contribue à son avantage compétitif, on rejette l'idée que la survie de l'entreprise ne dépend que de cette seule variable ou qu'il suffit d'investir en capital humain pour créer, *ipso facto*, une dynamique d'emploi qui permettrait d'absorber les compétences préalablement produites...

Bref, d'un point de vue analytique, il semble justifié de tempérer l'enthousiasme de ceux qui voient dans le développement de la formation le moyen absolu de sécuriser les parcours professionnels.

1) Cereq, *Quand la formation continue. Repères sur les pratiques de formation des employeurs et des salariés*, 2009.

METTRE EN PLACE UNE COMPTABILITÉ FONCTIONNELLE DES DÉPENSES DE FORMATION

Repérer la façon dont la formation contribue aux transitions professionnelles

Différentes typologies pour analyser les dépenses de formation

Les dépenses de formation peuvent être analysées en se référant à différents critères.

Le critère du contenu ou de l'objet de la formation : quoi ?

On répartit les dépenses de formation selon la nature des savoirs, savoir-faire, savoir être délivrés. Les compétences techniques pourront être aussi ventilées par domaine professionnel...

Le critère des modalités de formation : comment ?

On distingue, dans cette optique, les stages, les conférences, les formations en alternance, les formations en situation de travail (FEST), les formations actions, la VAE, le *e-learning*, le *coaching*...

Le critère de la nature des dépenses de formation : quels coûts ?

On distingue les dépenses liées à la rémunération des stagiaires, les frais de transport et d'hébergement, les frais pédagogiques... On peut complémentairement recenser les formations financées sur fonds mutualisés...

Le critère des bénéficiaires de la formation : à qui ?

Dans ce cadre, on analyse l'accès à la formation selon la catégorie socioprofessionnelle, selon les métiers... mais aussi selon le sexe et l'âge des bénéficiaires.

Le critère de la fonction de la formation : à quoi a servi la formation ?

On a vu que le marché interne du travail évoluait constamment en raison du mouvement des emplois et/ou de celui des salariés (*cf. supra*, 2). L'organisation doit s'adapter à ces différents chocs : la formation y contribue. Pour l'illustrer, prenons deux exemples.

EXEMPLE 1. UN MÉTIER DISPARAÎT, UN AUTRE SE CRÉE
Un tel choc, lié au *job turnover*, conduit à différentes adaptations possibles. Par exemple, l'entreprise reconvertit le salarié dont l'emploi est détruit pour le rendre capable d'occuper l'emploi nouvellement créé. La formation sert ici à réaliser la reconversion d'un métier à un autre.
Mais l'entreprise peut aussi recourir au marché externe : la formation accompagnera alors l'entrée (intégration) de la nouvelle recrue ainsi que la sortie du salarié dont l'emploi a été détruit.

EXEMPLE 2. UN SALARIÉ PART EN RETRAITE, SON EMPLOI EST MAINTENU
Dans cet exemple, lié au *labor turnover*, la formation est également utilisée dans le cadre de différents scénarios : à l'appui d'une mobilité interne ou pour accompagner le recrutement externe du remplaçant...

Que montrent ces deux exemples ?

Ces deux exemples montrent que l'adaptation à un même choc peut être réalisée dans le cadre de différents scénarios entre lesquels l'entreprise doit arbitrer. La formation y joue des fonctions diverses : selon les cas, on forme pour intégrer une nouvelle recrue, accompagner une sortie, permettre une promotion ou une reconversion...

Définir les items de la comptabilité fonctionnelle de la formation

La catégorisation ternaire (loi de 2004), devenue binaire (loi de 2009), des actions du plan de formation a un certain lien avec l'approche fonctionnelle. On se pose, en effet, la question du pourquoi de la formation, de l'objectif poursuivi ou encore de la finalité visée. Toutefois, ces catégories semblent difficilement utilisables à des fins de diagnostic et d'analyse en raison de leur contenu trop hétérogène. On propose ici une typologie des finalités organisationnelles de la formation reposant sur six items, regroupés en trois ensembles (*cf.* encadré).

Des conventions statistiques peuvent être nécessaires pour déterminer les cas où la transformation est interne à l'emploi (*within job*) ou traduit une mobilité entre emplois (*between jobs*). Les certifications dans le cadre de la VAE seront comptabilisées à part ou ventilées dans la typologie.

TYPOLOGIE FONCTIONNELLE DE LA FORMATION

I. *Les formations d'accompagnement des mobilités externes :*

1. À l'occasion des recrutements (externes).
2. À l'occasion des sorties de l'entreprise (avec la possibilité de distinguer création/reprise d'entreprise et autres).

II. *Les formations d'accompagnement de mobilités internes d'un emploi à un autre :*

3. Selon qu'il s'agit de promotions
4. Ou de reconversions sans promotion.

III. *Les formations accompagnant la tenue de l'emploi occupé en distinguant :*

5. Les formations d'entretien (actualisation).
6. Les formations d'enrichissement du poste occupé : que celui-ci soit vertical (approfondissement et perfectionnement des savoirs) ou horizontal (polyvalence ou élargissement des compétences).

Pourquoi les variations du capital humain de l'entreprise et des salariés sont-elles des grandeurs différentes ?

Ne pas confondre capital humain et investissements en capital humain

La mise en œuvre de la typologie fonctionnelle porte sur l'ensemble des actions de formation ou sur celles-là seules qui concernent un projet d'envergure de l'entreprise (par exemple, une restructuration). Toutefois, dans tous les cas de figure, la comptabilisation ne vise pas à mesurer le stock de capital humain mais seulement les investissements en capital humain, réalisés au cours d'une période donnée, financés ou cofinancés par l'entreprise.

Ces investissements seront évalués par le budget qui leur a été consacré mais aussi, plus modestement, par les heures de formation correspondantes ou, plus simplement encore, par le nombre d'actions de formation.

Un pourcentage élevé des dépenses de formation n'implique pas nécessairement que le capital humain de l'entreprise a augmenté

La comptabilité fonctionnelle de la formation aide aussi à comprendre que la variation du capital humain des salariés et celle du capital humain de l'entreprise constituent des grandeurs différentes. Par exemple, le capital humain des salariés présents dans l'entreprise peut s'être accru, au cours d'une période donnée, sans qu'il y ait, par ailleurs, croissance du capital humain de l'entreprise : tel est, par exemple, le cas lorsque les départs en retraite sont compensés à l'identique mais au travers de promotions internes en cascade...

De même, un pourcentage élevé des dépenses de formation dans la masse salariale n'est pas nécessairement la preuve que le capital humain mobilisé par l'entreprise s'est accru. Il peut simplement traduire le fait que la reconstitution du capital humain de l'entreprise a dû être importante en raison d'un *turnover* élevé. Plus généralement, on peut, pour neutraliser l'effet lié à la rotation (externe) des personnels, limiter l'analyse aux seuls présents-présents et détailler les fonctions jouées par la formation concernant cette population : entretien des compétences, enrichissement, reconversion et promotion...

En outre, n'oublions pas qu'une formation peut échouer, c'est-à-dire ne pas atteindre l'objectif qui lui était assigné : tel est le cas, par exemple, d'une partie des formations accompagnant les mobilités externes [1]. On vérifie, à nouveau, que des compétences ayant été, par ailleurs, correctement produites, ne sont qu'en partie demandées par le système économique (*cf.* ci-dessus)...

1) Ainsi que le démontrent les résultats relatifs obtenus par les cellules de reclassement qui, il est vrai, sont fonction de plusieurs variables : exogènes (caractéristiques du bassin d'emploi) mais aussi endogènes (moyens budgétaires dédiés au reclassement, système d'intéressement appliqué au cabinet d'*outplacement*...)...

25. Une gestion territoriale des emplois et des compétences peut-elle aider les mobilités ?

QUELS LIENS ENTRE GPEC ET TERRITOIRE ?

Il n'y a rien de surprenant à ce que l'ANI du 14 novembre 2008, consacré à la GPEC, affirme (dans le cadre de son titre II : L'entreprise dans son environnement) la contribution essentielle que peuvent apporter les territoires (ainsi que les branches professionnelles) à l'élaboration et à la mise en œuvre des démarches de GPEC (*cf. supra*, 6).

En fait, cette contribution se révèle multiforme. On distinguera (mais sans intention de trop forcer l'opposition) entre les actions classiques et les expérimentations innovantes réalisées au cours de la période récente.

Les actions classiques menées par les acteurs territoriaux

Des acteurs territoriaux et des dispositifs institutionnalisés

L'offre de services, en matière de développement de l'emploi et de gestion des compétences, est, en premier lieu, liée à la présence d'acteurs territoriaux : services déconcentrés de l'État (DDTEFP et DRTEFP, nouvellement Direccte, Pôle Emploi), Conseil régional, Chambres consulaires et instances locales des organisations professionnelles...

S'y ajoutent des organismes intervenant, à des titres divers, en matière de formation (Opca professionnels et interprofessionnels, AFPA...), ceux tels les Aract apportant un appui technique ainsi que les institutions en charge des problèmes de l'emploi, à un niveau plus local (PLIE, Maisons de l'emploi...), etc.

Les politiques menées par ces acteurs territoriaux s'inscrivent, pour une part, dans le cadre de dispositifs institutionnalisés. Le point important ici est que certains de ces dispositifs supposent explicitement l'implication volontaire des acteurs locaux et visent à développer le dialogue social et le partenariat au niveau territorial.

À cet égard, on rappelle l'existence de différents types de conventions d'appui à la GPEC (*cf. supra*, 6). Les EDEC, avec leur double volet d'anticipation (CEP) et d'accompagnement des mutations (ADEC), promeuvent également cette même logique de développement territorial (*cf. supra*, 16), les ADEC étant territoriaux ou déclinés territorialement.

Le contenu et les effets des actions classiques

Les actions éligibles au titre des dispositifs institutionnalisés correspondent à un très large éventail de finalités (prévention des risques d'obsolescence des compétences, accompagnement des mobilités, accès à une qualification reconnue et transférable...) et de modalités (par exemple, les ADEC incluent également des actions d'ingénierie : construction d'outils pédagogiques, élaboration de référentiels d'emploi...).

Ces actions concernent un large éventail de bénéficiaires : demandeurs d'emploi ou salariés mais aussi entreprises même si des publics prioritaires sont définis : individus fragilisés (faible niveau de qualification, emplois menacés...) et TPE/PME. Ces dernières, bien que non concernées par l'article L. 2242-15, peuvent bénéficier, par exemple, d'une aide à la GPEC : implantation de pratiques telles que les entretiens professionnels ou le transfert de savoirs (lié au départ en retraite), explicitation de la stratégie de l'entreprise et articulation avec la GRH...

Enfin, ces actions menées sous l'impulsion des acteurs territoriaux et en concertation avec l'État, permettent d'organiser le cofinancement (Région, État, Opca, entreprises bénéficiaires...) et ont aussi pour effet de produire des rapprochements : entre les acteurs territoriaux eux-mêmes (pas toujours animés par une volonté de coopération !) mais aussi entre les entreprises et certains de ces acteurs territoriaux (par exemple, développement de coopérations entre les TPE/PME et leurs Opca)... Ces actions d'accompagnement des mutations concourent également, de façon incidente, à la création de réseaux interentreprises.

Développer la mobilité interentreprises

C'est cet aspect (création d'un réseau interentreprises) que certaines initiatives spécifiques, menées au cours de la période récente, vont chercher à développer. L'idée de départ est simple : la GPEC conduit, *in fine*, à accompagner des mobilités, internes ou externes. Même si l'entreprise s'efforce de fluidifier son marché interne du travail (d'en faire un espace de mobilité, *cf. supra*, 3), il est possible que les seules mobilités internes ne soient pas suffisantes pour faire face aux mutations nécessaires.

La solution n'est-elle pas alors de fluidifier la circulation entre les différentes entités qui composent un territoire ? Bref, il s'agit, idéalement, d'abolir les frontières inhérentes au marché interne du travail de chaque entreprise en faisant du territoire, lui-même, un espace de mobilité. Une telle démarche est, potentiellement, particulièrement avantageuse pour les catégories socioprofessionnelles dont la mobilité géographique est restreinte.

La difficulté est que les entreprises d'un même territoire, à la différence des sites d'un même groupe, ne relèvent pas de la même autorité... Ce problème va être traité, comme on va le voir, de différentes façons.

COMMENT SE CONSTRUIT LE RÉSEAU TERRITORIAL ENTRE ENTREPRISES ?

La construction d'un réseau entre des entreprises appartenant à un même territoire va faciliter les mobilités de même qu'un réseau routier facilite la circulation entre différents points d'un territoire.

Un réseau peut toutefois être analysé au regard de différents critères. On privilégiera ici ce qu'a été son processus de création et les acteurs qui en sont à l'origine, en distinguant, par ailleurs, selon que la mobilité interentreprises est le but premier du réseau ou pas.

Cela étant, on ne perdra pas de vue, dans les expériences présentées, les autres variables d'analyse possibles d'un réseau : quels sont les points rattachés ? (Le réseau est-il intra ou interbranches ?) Quelle est la nature des flux en circulation ?

Pôles de compétitivité : la mobilité comme moyen

L'objectif premier des pôles de compétitivité et plus généralement des systèmes locaux de production est l'innovation et la recherche de l'avantage compétitif. Ces résultats attendus sont, ici, en partie, obtenus par un effet de regroupement. Toutefois, le *cluster* [1] est un groupe qui possède des compétences organisationnelles qui lui confèrent la capacité à combiner des ressources et à faire coopérer les différentes unités membres alors même que celles-ci constituent des entreprises différentes (ne relevant pas d'une même autorité).

Le pôle de compétitivité est une forme particulière de *cluster*. Il s'agit d'un espace réseau visant à favoriser les échanges et les collaborations entre le système productif (grandes et petites entreprises), les organismes de recherche, le système de formation (enseignement supérieur) et les acteurs institutionnels locaux. On attend de ces mises en relation, un développement de l'innovation et partant, l'essor d'un pôle d'excellence, attractif pour les talents, dont l'effet ultime est de renforcer la compétitivité [2]. Bien évidemment, le problème est de faire réellement coopérer ces acteurs, complémentaires mais différents, dont le cycle de production n'est peut-être pas régi par la même temporalité (si on compare, par exemple, une entreprise et un laboratoire de recherche).

Quoi qu'il en soit, le pôle de compétitivité est conçu comme un espace devant favoriser les échanges y compris par la mobilité des salariés entre les organismes membres. Toutes les passerelles sont envisageables : du public au privé (pour un chercheur porteur d'un projet industriel) ou l'inverse, ou encore au sein du privé (mobilité interentreprises)...

---

1) *Cluster* signifie groupe, grappe, amas...
Porter M., « Clusters and the New Economics of Competition », *Harvard Business Review*, 1998, vol. 76, n° 6, p. 77-90.

2) Voir le numéro spécial de la *Revue française de gestion*, n° 190/2009, consacré aux « Pôles de compétitivité ». Voir aussi *Les pôles de compétitivité*, La Documentation française, 2009.

La loi du 30 décembre 2006, dans son article 47, autorise, à titre expérimental jusqu'au 31 décembre 2010, la mise à disposition de salariés auprès des membres d'un même pôle de compétitivité. La première convention a été lancée, en avril 2009, par Minalogic, pôle de compétitivité dédié aux micro-nanotechnologies et aux logiciels embarqués de Grenoble [1]. Elle prévoit le prêt de personnel entre organismes de recherche, établissements d'enseignement supérieur et entreprises du pôle de compétitivité. Il est à noter que cette possibilité peut être aussi mobilisée par une entreprise confrontée à une baisse d'activité.

La mobilité interentreprises comme objectif premier

Dans les quatre types d'expériences présentées ci-après, la mobilité interentreprises apparaît comme un objectif direct essentiel. Toutefois, les acteurs, les moyens utilisés et le contexte présentent, ici et là, de grandes différences.

L'initiative d'une entreprise confrontée à un problème de sureffectif

L'exemple, en la matière, est la création, en mai 2007, du pôle de mobilité régional (PMR) de l'Isère, à l'initiative de l'entreprise STMicroelectronics [2]. Cette dernière est confrontée à un problème de sureffectif : un nouveau plan social, après celui de 2003, est décidé en 2005. Face aux suppressions d'emplois, l'entreprise cherche à encourager les départs volontaires. En outre, l'évolution rapide des techniques et des produits conduit à une obsolescence rapide des compétences. C'est dans ce contexte que naît l'idée d'accompagner les salariés (à condition qu'ils soient volontaires) dans la réalisation de leurs projets de reconversion ou de création d'entreprise.

Une association (type loi 1901), regroupant STMicroelectronics et trois autres entreprises implantées en Isère (Hewlett Packard, Capgémini et Radiall), est créée dans cet objectif. Elle est financée par les cotisations des entreprises membres, mais bénéficie également des services de l'Apec, de la DDTE, du Pôle Emploi... qui sont représentés au sein de la commission d'agrément des projets. En pratique, quatre consultants (installés dans des locaux indépendants) sont à la disposition des salariés dont la démarche reste confidentielle.

En principe, chaque entreprise du pôle doit avoir négocié un accord de GPEC permettant de détecter les emplois sensibles et d'identifier les salariés menacés, prioritairement éligibles aux prestations du pôle. Les syndicats signataires de l'accord de GPEC siègent, du reste, dans la commission d'agrément des projets. Il reste que chaque

1) Minalogic regroupe 138 organismes-membres dont 98 entreprises. Il concerne 40 000 salariés environ.

2) Voir *Liaisons sociales*, février 2008, et *Entreprise et Carrières*, n° 950, 14-20 avril 2009.

entreprise conserve son autonomie même si la visée commune est de favoriser les mobilités choisies plutôt que de recourir aux licenciements économiques.

Un bilan effectué au terme de deux années de fonctionnement du pôle indique que les bénéficiaires (environ 200) sont majoritairement des salariés appartenant à STMicroelectronics (85 %). Pour plus de la moitié, les projets ont concerné des créations d'entreprise. Les reconversions dans un emploi différent du métier d'origine ne représentent que 10 % des transitions professionnelles.

La création d'une plateforme régionale de mobilité

En octobre 2009, une convention a été signée entre la région Rhône-Alpes et le syndicat patronal de la plasturgie dont l'objectif est de faciliter la mobilité professionnelle, à titre défensif mais aussi préventif [1].

La convention prévoit, en effet, un accompagnement des salariés et des entreprises, bénéficiant de l'appui d'une société conseil et du concours de Pôle Emploi : information/orientation et cellule de reclassement interentreprises et interprofessionnelle.

Il existe aussi une visée préventive dont l'objectif est de développer une démarche d'anticipation au sein de la filière. Un comité stratégique prospectif pour la plasturgie a été mis en place en 2007 : il s'agit, par le dialogue social entre partenaires sociaux, de parvenir à un diagnostic partagé concernant l'évolution de la filière. Le projet bénéficie d'un appui financier de l'État et de la région.

La routinisation du prêt de main-d'œuvre au sein d'un bassin d'emploi

Le projet Model (mobilité, détachement, local), réalisé à l'initiative de cinq entreprises de la métallurgie, a pour objectif de développer le prêt de main-d'œuvre au niveau du bassin d'emploi d'Annecy [2].

Pour bénéficier de cette possibilité, les salariés doivent être volontaires et adhérer à une convention de partenariat. Cette mutualisation des moyens en personnel, bien qu'elle soit à but non lucratif ainsi que l'impose la loi [3], concurrence, plus ou moins, le recours au travail temporaire. Elle s'ajoute aux possibilités offertes par le groupement d'employeurs.

Le prêt de personnel peut s'inscrire dans une logique défensive : éviter de licencier et préserver les compétences dans un contexte de réduction de l'activité (*cf. supra*, 20). Mais cette démarche peut aussi avoir pour effet d'anticiper de futures (éventuelles) mobilités interentreprises, devenues nécessaires compte tenu des transformations affectant les emplois et les entreprises. On rejoint ici les préoccupations de la GPEC.

1) Voir AEF, dépêche n° 127204, 10 février 2010.

2) Voir AEF, dépêche n° 126684, 1er février 2010.

3) L'entreprise « prêteuse » continue à verser une rémunération à son salarié, qu'elle refacture, sans réaliser de bénéfice, à l'entreprise « emprunteuse ».

Une démarche collective de GPEC engagée par des entreprises d'un même territoire

Deux exemples, l'un relatif à l'industrie et l'autre concernant les services [1], illustrent cette démarche.

Une convention interentreprises GPEC Industrie

Vingt-deux entreprises, représentant le tiers des emplois industriels de Savoie, se sont engagées fin 2007, avec l'appui de deux organisations patronales, dans une démarche territoriale de GPEC qui bénéficie aussi du soutien des pouvoirs publics. Cette expérience a débouché sur la signature de la première convention interentreprises GPEC Industrie (cf. supra, 6).

L'aspect central de la démarche est l'utilisation par les entreprises partenaires d'un même outil de GPEC (développé par Altedia). Celles-ci utilisent donc un système commun de repérage des emplois, des compétences et des mobilités professionnelles (départs en retraite). Les ingénieurs et les cadres (dont le marché est national) ne sont pas pris en compte. La constitution de cette base de données commune est de nature à améliorer la projection, à 3-5 ans, des besoins de recrutement et de formation. Pour résorber les écarts prévisibles, des actions communes pourront être engagées en matière de formation, de CQP ou de VAE... La confidentialité des données de l'entreprise est préservée : ne sont accessibles, par Internet, que les données consolidées au niveau du bassin d'emploi.

Une démarche collective de GPEC de cliniques privées

Sous l'impulsion de la Fédération de l'hospitalisation privée (FHP) du Languedoc-Roussillon, une centaine de cliniques privées (occupant 11 000 salariés) se sont organisées en réseau et ont accepté, en 2009, de s'engager dans une démarche collective de GPEC. Le départ prévisionnel en retraite, à l'horizon 2015, de plus de 40 % du personnel constitue un élément qui a vraisemblablement influencé la décision.

Là aussi, la collaboration en matière de GPEC doit conduire à des actions communes en matière de formation et de recrutement. Celles-ci pourront bénéficier de l'appui de l'Opca et du soutien de l'État (DRTEFP) et de la région.

VERS UN PRIVILÈGE DES *INSIDERS* ?

Pourquoi la mobilité interentreprises est-elle d'actualité ?

Bien évidemment, la crise survenue en 2008, a joué un rôle et a conduit les partenaires sociaux à engager des négociations sur la mobilité interentreprises comme moyen de faire face à la contraction de l'activité (*cf. supra*, 20).

1) Voir *Entreprise&Carrières*, n° 934, 9-15 décembre 2008 et n° 940, 3-9 février 2009.

Mais il semble que cet épisode conjoncturel n'a fait qu'accentuer une préoccupation antérieure. Faut-il rappeler que l'ANI du 11 janvier 2008 sur la modernisation du marché du travail envisageait déjà, dans son article 8, la possibilité d'une « *période expérimentation mobilité* » qui « *permettrait au salarié de découvrir son nouvel emploi et prévoirait les conditions dans lesquelles l'intéressé pourrait revenir dans l'entreprise si le nouvel emploi ne lui convenait pas* » (*cf. supra*, 6).

En fait, la mobilité interentreprises s'affirme comme problème en raison de la morphologie du capitalisme actuel. Fini l'emploi à vie dans une seule et même grande entreprise ! La mobilité interentreprises apparaît inévitable tout en présentant une extrême variété de situations. On songe, en premier lieu, à la mobilité entre différentes entreprises indépendantes, au sein (ou pas) d'une même branche ou filière.

Mais la mobilité au sein de l'entreprise réseau n'est pas moins importante (même si on ne parle pas, ici, de mobilité interentreprises *stricto sensu*), qu'il s'agisse de l'ensemble constitué par l'entreprise et ses sous-traitants ou des différents sites/filiales d'un même groupe.

Bref, le sujet est d'actualité. Cela explique les expérimentations en cours ainsi que la recherche d'aménagements juridiques ou conventionnels : possibilité d'assouplir le congé de mobilité (qui doit actuellement être prévu dans un accord de GPEC ; *cf. supra*, 19) ou examen de nouvelles modalités de rupture ou de suspension du contrat de travail...

Le problème n'est pas la mobilité mais les conditions qui l'accompagnent

Le dyptique mobilité choisie/mobilité subie est d'un usage courant. Il reste que cette opposition est fallacieuse si elle donne à penser que la mobilité est choisie ou subie en raison de sa nature intrinsèque.

Rien de plus faux : une même mobilité, proposée à un même salarié peut être, selon les cas, choisie ou subie en raison des coûts/avantages qui lui sont attachés. Or, ceux-ci ne sont pas inhérents à la mobilité (cosubstantiels à sa nature) mais constituent des éléments négociés de son accompagnement. Ainsi, la même mutation de X à Y sera (plutôt) choisie ou (plutôt) subie par un même individu A selon les solutions apportées aux problèmes du logement, du travail du conjoint, de la scolarité des enfants...

On prendra donc quelque distance avec le pseudo-concept de résistance au changement. Il n'existe pas de résistance au changement de façon absolue. En revanche, il est logique et rationnel qu'un individu s'oppose à un changement dont il juge le bilan coûts/avantages négatif pour lui. À l'inverse, ce même individu acceptera de s'engager dans une évolution professionnelle pour laquelle il anticipe des avantages (monétaires et/ou psychologiques) essentiels...

Bref, le problème n'est pas la mobilité en soi mais les garanties dont elle est assortie. Celles-ci déterminent le choix et l'attitude du salarié : existence (ou pas) d'une clause de retour, indemnité prévue en cas d'échec de la mobilité, prise en compte de l'ancienneté et du salaire antérieur, portabilité de certains droits, stabilité de la nouvelle situation de travail... Mais l'entreprise, elle aussi, peut être en attente d'une certaine sécurité : que le droit à la mobilité accordé au salarié n'aboutisse pas à une instabilité de la relation d'emploi et à un *turnover* non désiré...

De nouvelles formes de sélectivité ?

L'accès à l'emploi est sélectif : il dépend des caractéristiques (âge, diplôme, qualification, sexe...) des chercheurs d'emploi. Mais les caractéristiques individuelles ne sont pas seules en cause. Des facteurs macroéconomiques interfèrent également. En fait, pour la rigueur de l'analyse, il convient de distinguer, deux variables, par ailleurs, non indépendantes :

- les possibilités d'emploi ou le nombre de places disponibles au sein d'un espace donné (un bassin d'emploi, une région, un pays) ;
- les conditions d'accès aux places disponibles ou le schéma de rationnement de l'emploi.

Les dispositions, légales ou conventionnelles, concernant les licenciements économiques et la GPEC sont susceptibles d'agir sur ces deux variables. Par exemple, le développement de la mobilité interentreprises (mais aussi celui de la mobilité intersites) devrait, *a priori*, avantager les *insiders* (ceux qui occupent déjà un emploi) au détriment des *outsiders* présents sur le marché du travail : primo demandeurs d'emploi ou licenciés...

Quel sera le sort de ceux-là ? La réponse (triviale) que l'on donne à cette question est la suivante : le chômage des *outsiders* sera un épisode d'autant plus transitoire que les possibilités d'emploi, au niveau du territoire, seront importantes. Si elles ne le sont pas, le passage par le chômage risque de devenir un « enfermement ».

En conséquence, il est souhaitable que le développement de la mobilité interentreprises ne s'accompagne pas d'un affaiblissement des obligations en matière de revitalisation des bassins d'emploi. On conçoit bien qu'il s'agisse là d'une préoccupation très présente dans les travaux du Conseil d'orientation pour l'emploi (COE). Plus fondamentalement encore, des mécanismes incitatifs sont nécessaires pour développer l'emploi au niveau du territoire. Sinon, le droit à la mobilité de certains risque de priver d'autres du droit au travail.